Wilhelm Emmanuel Ketteler

Kann ein Jesuit von seinem Oberen in einer Sünde verpflichtet werden?

Wilhelm Emmanuel Ketteler

Kann ein Jesuit von seinem Oberen in einer Sünde verpflichtet werden?

ISBN/EAN: 9783743446359

Hergestellt in Europa, USA, Kanada, Australien, Japan

Cover: Foto ©Lupo / pixelio.de

Manufactured and distributed by brebook publishing software
(www.brebook.com)

Wilhelm Emmanuel Ketteler

Kann ein Jesuit von seinem Oberen in einer Sünde verpflichtet werden?

Kann ein

Jesuit von seinem Oberen zu einer Sünde verpflichtet werden?

Correspondenz

mit dem

Director des Großherzoglich Hessischen Ministeriums des Innern,

Freiherrn von Starck,

von

Wilhelm Emmanuel,

Freiherrn von Ketteler,

Bischof von Mainz.

Mainz,

Verlag von Franz Kirchheim.

1874.

Mainz, Druck von Joh. Falk III., vorm. Fr. Sausen.

Ich übergebe hiermit eine Correspondenz zwischen dem Herrn Director des Großherzoglich Hessischen Ministeriums des Innern Freiherrn von Starck und mir der Oeffentlichkeit, welche sich auf Anklagen bezieht, die derselbe in einem amtlichen Schreiben über die Grundsätze der Jesuiten erhoben hat.

Dieses Schreiben wurde durch Beschwerden veranlaßt, welche der Vater des oftgenannten Jesuitenpaters Michael Zöller in Seligenstadt mit vielen seiner Mitbürger über die Ausweisung des gedachten Priesters aus seiner Vaterstadt bei den Landständen ein= gereicht hatte. Es ist an den Berichterstatter über diese Beschwer= den, den Abgeordneten Heinzerling, gerichtet, und wurde zugleich mit dessen Bericht der Kammer mitgetheilt und dadurch allgemein bekannt.

Die betreffende Stelle dieses Schreibens, welche die angeb= lichen verwerflichen Grundsätze der Jesuiten aufzählt, lautet:

„Daß diese Beschwerdeführer überhaupt sich zu einer solchen Eingabe berufen fühlten, zeigt zugleich, daß ihnen jegliche Kenntniß von den ernsten und tiefen Grundlagen der von dem Reiche gegen den Orden der Gesellschaft Jesu ergriffenen Maßregeln abgeht und daß ihnen die Institutionen dieses Ordens völlig unbekannt sind.

„Hätten sie von Alledem einige Kenntniß gehabt, wäre ihnen namentlich bekannt gewesen, daß ein Jesuit, in Folge seines Ein= tritts in den Orden, leiblich keine Eltern, Brüder, Schwestern und Blutsverwandte mehr besitzt und für sie fernerhin keine Neigung mehr haben darf, daß er seinem Ordensobern zu unbedingtem Gehor= sam verpflichtet ist, in Folge wovon der Obere ihn, und zwar auch zur Ausübung anderer Verrichtungen als priesterlicher, an jeden, selbst den entferntesten Ort versetzen, ja ihm sogar nach den Ordensgesetzen im Namen Christi das Begehen einer Tod= oder erläßlichen Sünde befehlen kann, so hätten sie sich wohl schwerlich herbeigelassen, wegen der in Frage stehenden, von ihrer rechtmäßigen Landesregierung, der auch der Jesuit Zöller als hessischer Unterthan Gehorsam schuldig ist, auf Grund eines Reichsgesetzes getroffenen Anordnung

1 *

beschwerend aufzutreten, während eine ähnliche Anordnung, wenn solche von dem Ordensoberen ausgegangen wäre, ihr Gefühl kaum erregt haben würde.

„Sie hätten dann auch vielleicht die Tendenz geahnt, welche den Jesuiten M i c h a e l Z ö l l e r, nach Auflösung der Jesuitenniederlassung in Mainz, der er bis dahin ohne Sehnsucht nach Vater und Vaterhaus angehörte, gerade nach Seligenstadt dirigirte, und hätten es vielleicht nicht ganz unglaublich gefunden, daß diese Zwischenstation nur des Effects wegen gewählt worden sei, indem durch dieselbe die Gelegenheit gegeben war, die — für einen Jesuiten ganz irrelevanten — Begriffe von Heimath, Vater und Vaterhaus Unkundigen gegenüber als Agitationsmittel gegen das Reichsgesetz und die zu dessen Ausführung berufene Landesregierung zu verwerthen.“

Zum Schluß erwähnt das ministerielle Schreiben, daß Vorstehendes eine „aktenmäßige Mittheilung“ sei, wodurch die protestantischen Mitglieder der Kammer um so gewisser zu der Annahme veranlaßt waren, daß alles bisher Gesagte gründlich geprüft und unzweifelhaft richtig sei.

Demungeachtet sind aber die hier gegen die Grundsätze der Jesuiten so apodiktisch erhobenen Anklagen, trotz der behaupteten „aktenmäßigen Mittheilung“, gänzlich unbegründet. Alles, was hier gesagt wird, steht mit der Wahrheit in vollem Widerspruche. Diese den Ständen über die Grundsätze der Jesuiten amtlich gemachte Mittheilung beruht nicht, wie behauptet wird, auf authentischen Urkunden und zuverlässigen Beweisquellen, sondern auf landläufigen Vorurtheilen und unbegründeten Parteimeinungen.

Da aber diese schweren Anklagen über eine katholische Ordensgesellschaft in einem amtlichen Schreiben von dem Großherzoglichen Ministerium selbst erhoben sind, und zwar mit der erklärten Absicht, dadurch „die ernsten und tiefen Grundlagen der von dem Reiche gegen den Orden der Gesellschaft Jesu ergriffenen Maßregeln“ aufzudecken, so kann ich dazu nicht schweigen. Ich war das zunächst der Ehre der Kirche schuldig, welche durch den Vorwurf, eine Gesellschaft mit den unsittlichsten Grundsätzen zu dulden, angegriffen ist. Ich war es aber auch meiner eigenen Ehre und nicht minder meinen Diöcesanen und allen Bewohnern des Großherzogthums schuldig, da dieser Vorwurf auch auf mich zurückfällt, indem ich, wenn derselbe nur einigermaßen berechtigt wäre, wahrhaft gewissenlos gehandelt hätte, einer Gesellschaft mit so ver-

werflichen Grundsätzen die heiligen Functionen der christlichen Seel=
sorge in meiner Diöcese zu übertragen.

Ich habe daher zunächst in dem an erster Stelle mitgetheilten
Schreiben vom 1. Dezember v. J. mich bemüht, den Herrn Direc=
tor des Ministeriums des Innern von der Unhaltbarkeit und der
völligen Grundlosigkeit seiner Anschuldigungen gegen die Jesuiten
zu überzeugen und ihn gebeten, nach erneuter Prüfung der Sache,
in einer geeigneten Weise seine vor dem ganzen Lande erhobene An=
klage zu berichtigen. Da aber die Antwort vom 15. Dezember (Nr. II)
und die entsprechende amtliche Bekanntmachung in der „Darmstäd=
ter Zeitung“ (Nr. III), welche gleichfalls hier mitgetheilt werden,
statt einer Berichtigung, vielmehr den Versuch einer theilweisen Be=
stätigung derselben Vorwürfe enthielt, so habe ich in dem weiteren
Schreiben vom 28. Dezember (Nr. IV) ihre Grundlosigkeit noch
eingehender und so allseitig nachgewiesen, daß bei einer gerechten
Prüfung ihre Nichtigkeit, wie ich glaube, von allen Seiten aner=
kannt werden muß. Um so mehr glaubte ich für meine erneute
Bitte, die öffentliche Anklage auch öffentlich in irgend einer Weise
zu berichtigen, Gehör zu finden. Auch dieser Schritt ist ohne Er=
folg geblieben.

Unter diesen Umständen bleibt mir also kein anderes Mittel
übrig, als diese ganze Angelegenheit der Oeffentlichkeit zu übergeben.
Wie protestantische Schriftsteller bereits allgemein die Unrichtigkeit
dieser Vorwürfe zugestehen, so hoffe ich, daß nicht nur Katholiken,
sondern auch viele Protestanten anerkennen werden, daß hier ein un=
gerechter und unwahrer Vorwurf gegen die Jesuiten erhoben wor=
den ist.

In der nachfolgenden Correspondenz habe ich aber nur die
eine Anklage, welche das ministerielle Schreiben in der oben ci=
tirten Stelle gegen die Jesuiten erhebt, widerlegt, weil sie die
wichtigste ist: daß nämlich der Ordensgehorsam einen Jesuiten zu
einer Sünde verpflichten könne. Ebenso nichtig ist aber auch der
andere Vorwurf, welcher in derselben Stelle den Jesuiten über ihr
Verhältniß zu den Verwandten und zu der Heimath gemacht wird.
Ich will ihn daher hier kurz besprechen.

Das ministerielle Schreiben behauptet: „daß ein Jesuit, in
Folge seines Eintritts in den Orden, leiblich keine Eltern, Brü=
der, Schwestern und Blutsverwandte mehr besitzt und für sie fernerhin
keine Neigung mehr haben darf.“ Wie ein Jesuit es fertig bringen
soll, so lange er mit seinem Leibe doch ebenso wie andere Menschen

untrennbar verbunden ist, „leiblich“ keine Eltern u. s. w. mehr zu besitzen, ist schwer begreiflich. Schon das Sinnlose dieses Vorwurfes hätte den Concipienten auf die Nichtigkeit desselben hinweisen sollen. Da aber die Erfahrung lehrt, daß viele Vorwürfe gegen die Kirche und ihre Anstalten aus Unwissenheit entspringen, so glaube ich, daß auch dieser in der gänzlichen Unbekanntschaft mit dem biblischen Sprachgebrauche seinen Grund hat.

Die der Constitution der Jesuiten vorhergehende Einleitung (examen generale) sagt nämlich c. IV. n. 7., daß alle jene, welche in die Gesellschaft eintreten wollen, den Rath Christi befolgen sollen: „Wer immer sein Haus, oder Brüder, oder Schwestern, oder Vater, oder Mutter, oder Weib, oder Kinder, oder Aecker um meines Namens willen verläßt, der wird Hundertfältiges dafür erhalten, und das ewige Leben besitzen [1]).“ Diese Antwort gab bekanntlich der Heiland auf die Frage des Petrus: „Siehe! Wir haben Alles verlassen und sind Dir nachgefolgt, was wird uns wohl dafür werden?“ Die Einleitung sagt ferner, daß der Eintretende die Worte Christi: „Wenn Jemand zu mir kommt, und hasset nicht seinen Vater und Mutter und Weib und Kinder und Brüder und Schwestern, ja auch sogar seine eigene Seele, der kann mein Jünger nicht sein [2]),“ so ansehen solle, als ob dieselben an ihn gerichtet seien. Dann fährt sie fort: „Daher muß er darnach streben, daß er alle fleischliche Neigung gegen seine Blutsverwandten ablege und sie in eine geistige Neigung verwandle, so daß er sie nur noch mit jener Liebe liebt, welche die wohlgeordnete Liebe verlangt, damit er der Welt und der selbstsüchtigen Liebe abgestorben, allein für Christus unsern Herrn lebe und ihn allein an Stelle der Eltern, Brüder und aller irdischen Dinge besitze.“

Das sind nun evangelische Vorschriften, welche für jeden, der biblische Begriffe und die biblische Sprachweise kennt, durchaus klar und verständlich sind. Das Gebot Christi, Vater und Mutter zu verlassen, ja sogar Vater und Mutter zu hassen, steht nicht im Widerspruch mit dem vierten Gebote: Du sollst Vater und Mutter ehren. Christus ist nicht gekommen, das Gesetz aufzuheben, sondern es zu seiner Vollkommenheit zu bringen. So hat er auch durch seinen Geist der christlichen Familie die wahre und höchste Eltern= und Kinderliebe mitgetheilt. Wie es aber eine ungeordnete Selbstliebe gibt,

---

[1]) Matth. 19, 29. — [2]) Luk. 14, 26.

welche der Heiland im Auge hat, wenn er befiehlt, daß wir unsere eigene Seele haffen sollen, so gibt es auch eine ungeordnete Liebe zu Eltern, Kindern und Geschwistern, welche der Heiland verurtheilt, indem er sagt, daß wir um seines Namens wil= len Eltern, Kinder und Brüder haffen sollen. Daburch werden wir belehrt, daß alle geordnete Liebe zu den Menschen und zu uns selbst von der Liebe Gottes, von der Liebe Christi ausgehen muß und daß wir aus der Selbst= und Menschenliebe Alles entfernen, d. h. Alles also haffen müssen, was der reinen Gottesliebe entgegensteht.

Das ist der Sinn jener biblischen Aussprüche und der ange= führten Worte aus der Einleitung in die Constitutionen der Jesuiten. Wenn diese daher sagen, daß man jede „fleischliche Neigung" (carnis affectum) gegen die Blutsverwandten ablegen und sie in eine geistige Neigung verwandeln müsse, so fügen sie zur Erklärung gleich hinzu, daß diese geistige Neigung jene sei, welche die geordnete Liebe (ordinata charitas) fordert. Der Ausdruck „fleischliche Neigung" ist aber dem Begriffe entnommen, in welchem der heilige Apostel Paulus das Wort Fleisch und fleischlich in zahl= reichen Stellen gebraucht, und welcher nicht dem buchstäblichen Sinne dieses Wortes entspricht, sondern vielmehr die Gesinnung des durch Christus nicht erlösten Menschen im Gegensatze zu dem durch Christus erlösten Menschen bedeutet. Die fleischliche Liebe zu den Verwandten ist also die vielfach durch sündhafte Nei= gungen, namentlich durch die Selbstsucht getrübte, folglich un= geordnete; die geistige dagegen, die durch Christus geläuterte, von aller sündhaften Neigung gereinigte, welche in Gott ihren Grund und ihre Richtschnur hat und deßhalb eine vollkommen geordnete ist.

Von diesem biblischen Sprachgebrauche scheint nun der Urheber dieser Erfindung, daß die Jesuiten „leiblich" keine Eltern u. s. w. mehr besitzen und „fernerhin keine Neigung" für sie haben dürfen, dem sie der Concipient des ministeriellen Schreibens entnom= men hat, keine Ahnung zu haben. Er fand in den Constitutionen der Jesuiten das Wort carnis affectum, „fleischliche Neigung" und, ohne irgend die Bedeutung desselben zu kennen und ohne sich auch nur den Zusammenhang klar zu machen, ja ohne auch nur das an sich ganz Unvernünftige seiner Annahme einzusehen, kam er sofort zu dem Schluße, der Jesuit dürfe „leiblich" keine Eltern mehr haben und folglich auch keine „Neigung" für sie. Die Ablegung „fleisch= licher Neigung" zu den Eltern ist ihm identisch mit: „leiblich" keine

Eltern mehr haben. So entstehen Vorwürfe gegen die Kirche und ihre Institute.

Mit diesem unbegründeten Vorwurfe hängen nun die Bemerkungen gegen die Jesuiten zusammen, welche in der citirten Stelle des ministeriellen Schreibens weiter vorkommen. Daß Ordensmitglieder sich im Gehorsam nach „den entferntesten Orten" versetzen lassen, scheint in den Augen des Concipienten dieses Schreibens tadelnswerth. Nach dieser Anschauung ist die ganze Missionsthätigkeit des Christenthums, einschließlich der Worte Christi, auf denen sie beruht: „Gehet hin in alle Welt und lehrt das Evangelium aller Kreatur [1]" nicht zu rechtfertigen. Daß aber gar Jesuiten, wenn sie von der Polizei aus ihrer Heimath vertrieben werden, dagegen protestiren, aber willig folgen, wenn ihr Ordensoberer sie nach den „entferntesten Orten" schickt, darin findet er eine Art Empörung gegen die rechtmäßige Landesregierung, „der auch der Jesuit Zöller als hessischer Unterthan Gehorsam schuldig" sei. Solche Anschauungen sind unbegreiflich. Wie viele verlassen des Handels wegen ihre Heimath oder aus andern Gründen, welche deßhalb gewiß nicht eine Pflicht gegen die Landesregierung anerkennen werden, sich von ihr beliebig aus der Heimath und dem Vaterlande ausweisen zu lassen. Wie ist es da möglich, den Jesuiten daraus einen Vorwurf zu machen, daß sie zwar um Christi willen ihre Heimath zu verlassen bereit sind, aber gegen Ausnahmegesetze und gegen Polizeimaßregeln, welche ihnen ihre natürlichen Bürgerrechte entziehen, protestiren.

Der Concipient des ministeriellen Schreibens nimmt endlich keinen Anstand, die Gesinnung des Priesters Michael Zöller in einer Weise zu verdächtigen, die sich wohl unter keinen Umständen, am wenigsten aber in einem amtlichen Aktenstücke rechtfertigen läßt. Daraus nämlich, daß derselbe bisher in Mainz sich aufgehalten, dann aber in Seligenstadt seinen Aufenthalt nehmen wollte, wird „seine Sehnsucht nach Vater und Vaterhaus" als eine Art Heuchelei, lediglich als eine Demonstration „des Effects wegen" hingestellt und diesem tadellosen Priester meiner Diöcese, bei seiner Vertreibung aus der Heimath, der höchst kränkende Vorwurf nachgerufen, daß für einen Jesuiten die Begriffe „von Heimath, Vater und Vaterhaus ganz irrelevante Begriffe" seien und daß man sich derselben jetzt

---

1) Mark. 16, 15.

nur „Unkundigen gegenüber als Agitationsmittel" bediene. Dieser Vor=
wurf, daß der Begriff: Vater, Vaterhaus einem Jesuiten irrelevant
sei, steht an Gewicht fast dem andern gleich, daß er im Gehorsam eine
Sünde thun müsse. Der eine enthält die Anklage, daß die katholische
Kirche ein Institut dulde, welches die heiligsten und unveräußerlichsten
Gefühle der Menschennatur unterdrückt, der andere, daß sie ein In=
stitut in ihrer Mitte habe, welches den letzten und tiefsten Grund aller
Sittlichkeit über den Haufen wirft. Wir dürfen nicht Gleiches mit Glei=
chem vergelten und wollen es nicht. Wir finden auch keine Worte, .
um in gebührender Weise auszudrücken, was wir bei diesen schweren
und ungerechten Beschuldigungen empfinden. Wir protestiren aber
im Namen aller Christen, welche im Laufe der Zeit um Christi
willen Vater und Vaterland verlassen haben, um seinen Namen
überall zu verkünden, wenn ihnen daraus der Vorwurf gemacht
wird, daß ihnen die Begriffe von Vater und Vaterhaus fremd ge=
wesen seien.

So ist denn von Allem, was in dem ministeriellen Schreiben
gegen die Jesuiten vorgebracht ist, ganz und gar nichts der Wahr=
heit entsprechend. Alle diese Vorwürfe sind ungerecht. Wenn das
die „ernsten und tiefen Grundlagen der von dem Reiche gegen den
Orden der Gesellschaft Jesu ergriffenen Maßregeln" sind, wie es an=
geblich nach „aktenmäßiger Mittheilung" der Fall sein soll, so fehlt
in der That jenen Maßregeln jede wahre Grundlage. Wenn aber
endlich den Bewohnern von Seligenstadt in diesem Schreiben der
Vorwurf der Unwissenheit gemacht wird, so erhellt aus allem, was
ich hier der Oeffentlichkeit übergebe, daß auch dieser nicht begründet
ist und daß die Unwissenheit über die Grundsätze der Jesuiten nicht
auf Seite der Bewohner von Seligenstadt liegt.

I.

Ew. Hochwohlgeboren haben in einem Schreiben an den Herrn Abgeordneten Heinzerling, welches bestimmt war, der zweiten Kammer mitgetheilt und dadurch in der officiellsten Weise bekannt gemacht zu werden, Ansichten über Grundsätze der Jesuiten ausgesprochen, welche eben so irrthümlich, wie tief verletzend sind; tiefverletzend nicht nur für den Orden selbst, sondern auch für die katholische Kirche, da die Duldung eines Ordens mit unsittlichen Grundsätzen auf die Kirche selbst zurückfallen würde. Ich hebe unter Anderem nur die Behauptung hervor, daß die Oberen „nach den Ordensgesetzen im Namen Christi das Begehen einer Tod- oder erläßlichen Sünde befehlen" könnten. So lange ich von dieser Aeußerung nur durch die Zeitungen Kenntniß hatte, glaubte ich davon keinen Gebrauch machen zu dürfen. Seit gestern liegt mir aber der amtliche Bericht über die Kammerverhandlungen „Beilage Nr. 229 zum 42. Protokoll vom 3. November 1873" vor, welcher jene Mittheilungen vollkommen bestätigt. Ich glaube daher ebenso berechtigt als verpflichtet zu sein, Sie auf das Irrige jener Behauptung aufmerksam zu machen und um Rectificirung derselben in irgend einer geeigneten Weise ganz ergebenst zu bitten.

Ich kann Ew. Hochwohlgeboren zunächst versichern, daß die katholische Kirche und alle mit der katholischen Kirche in Verbindung stehenden Katholiken, sie mögen einer Ordensgesellschaft angehören oder nicht, den angeführten Grundsatz nicht minder verabscheuen, als Sie selbst und Ihre evangelischen Mitchristen. Die katholische Kirche erkennt unbedingt und ohne Einschränkung an, daß keine Autorität, weder eine weltliche noch eine geistliche, zu einer Sünde verpflichten kann. So versteht sie das Wort der heiligen Schrift: „Man muß Gott mehr gehorchen als den Menschen" und macht dasselbe allen Oberen gegenüber, sie mögen geistliche oder weltliche sein, geltend. Eine dieser entgegengeſetzte Lehre hat es in der Kirche nie gegeben und eine ſolche Lehre wird nie geduldet werden. Das ſteht im Bewußtſein aller Ka= tholiken ſo feſt, daß ich ohne Uebertreibung behaupten kann, es ſeien alle ohne Ausnahme bis zum letzten katholiſchen Schulkinde herab mit voller Klarheit davon durchdrungen, daß keine Autorität, weder eine kirchliche, noch eine ſtaatliche, noch die elterliche, zu etwas Böſem, ſelbſt nicht zur kleinſten läßlichen Sünde verpflichten kann.

Die Behauptung, daß geiſtliche Oberen im Namen Gottes zu einer Sünde verpflichten können, entbehrt auch ſo ſehr eines vernünf= tigen Sinnes und widerſpricht in ſolchem Maße den erſten Elementen der Sittlichkeit, daß es in der That eine Ueberwindung koſtet, ſich nur dagegen zu vertheidigen. Im Namen Chriſti eine Sünde befehlen heißt: im Namen Chriſti befehlen, ſeinen Befehl nicht zu beachten; und da die Grundlage der ganzen Sittlichkeit die Erfüllung des gött= lichen Willens iſt, ſo heißt im Namen Chriſti eine Sünde befehlen ferner: in ſeinem Namen die Grundlage aller Sittlichkeit zerſtören. Die katholiſche Kirche und ihre Orden haben zu dieſen in ſich wider= ſprechenden und namenlos unſittlichen Vorwürfen keine Veranlaſſung gegeben, und wir müſſen über die Macht der Vorurtheile ſtaunen, welche es möglich gemacht haben, ohne allen Grund ſolche Vorwürfe zu erheben.

Die Behauptung, daß die Jeſuiten die Pflicht des Gehorſams auch auf die Sünde ausdehnen, beruht nämlich allein und ausſchließ= lich auf der völlig falſchen Deutung folgender Stelle in ihren Conſti= tutionen (pars VI. c. V. „Cum exoptet“): „Visum est nobis in Domino, excepto expresso voto, quo Societas Summo Pontifici, pro tempore existenti, tenetur, ac tribus aliis essentialibus paupertatis, castitatis et obedientiae, nullas constitutiones, declarationes vel ordinem ullum vivendi, posse obligationem ad peccatum mortale vel veniale inducere, nisi superior ea in nomine Domini nostri Jesu Christi vel in virtute obedientiae juberet“ und insbeſondere auf dem Mißverſtändniſſe des Ausdruckes „obligare ad peccatum,“ was nach dem, Jahrhunderte vor Gründung des Jeſuitenordens feſt= ſtehenden Sprachgebrauche keineswegs „zu“ einer Sünde, ſondern „unter“ einer Sünde verpflichten heißt. Um nämlich Gewiſſensbe= ängſtigungen vorzubeugen, erklären die meiſten Ordensſtatuten, daß die in ihnen enthaltenen Lebensregeln zwar befolgt werden ſollen, daß aber deren Uebertretung, ſo weit ſie nicht nach den allgemeinen Grund= ſätzen der Moral eine Sünde enthält, auch nicht Sünde ſei. Die fraglichen Worte der Conſtitution der Jeſuiten haben nun lediglich diesen Sinn, daß nämlich die Constitutionen nicht unter einer Sünde verpflichten. Das sagt schon die Ueberschrift des Kapitels, welche lautet: „Quod constitutiones peccati obligationem non inducunt," d. h. daß die Constitutionen nicht unter Sünde verpflichten; das sagen die Worte, welche den angeführten unmittelbar vorangehen: „Cum ex-optet Societas universas suas constitutiones, declarationes ac vivendi ordinem omnino juxta nostrum institutum, nihil ulla in re declinando, observari; optet etiam nihilominus suos omnes securos esse, vel certe adjuvari, ne in laqueum ullius peccati, quod ex vi constitutionum hujusmodi aut ordinationum proveniat, incidant; visum est nobis" etc. Das erklären dieselben Constitutionen ausdrück-lich, indem sie die Pflicht des Gehorsams gegen den Papst und gegen alle Vorgesetzten des Ordens auf jene Gegenstände beschränken, welche nicht sündhaft sind: „hujusmodi sunt illae omnes (sc. res), in qui-bus nullum manifestum est peccatum" (constit. pars VI. c. I. §. 1, in not.) und etwas weiter l. c.: „ubi definiri non possit ali-quod peccati genus intercedere." Das folgt endlich aus der con-stanten Auslegung jener Stelle, welche sie innerhalb der katholischen Kirche und des Ordens der Jesuiten selbst, in Uebereinstimmung mit allen sonstigen Grundsätzen der katholischen Sittenlehre, von jeher ge-funden hat.

Nichtsdestoweniger haben Einige, sei es aus arger Unwissenheit, sei es absichtlich, im Widerspruche mit der ausdrücklichen Erklärung der Constitutionen selbst, im Widerspruche mit dem Sprachgebrauch und der constanten Interpretation, welche die fraglichen Worte in der ka-tholischen Kirche stets gefunden haben, endlich im Widerspruche mit der notorischen katholischen Sittenlehre, mit Gewalt jenen Worten den Sinn unterstellen wollen, daß die Jesuiten im Namen Jesu von ihren Oberen zu einer Sünde verpflichtet werden könnten. Jedoch haben wir Katholiken die Genugthuung, daß diese Mißdeutung nicht nur von den Vertretern der katholischen Wissenschaft, sondern auch von der pro-testantischen Wissenschaft entschieden verworfen wird. Ranke in seiner Geschichte: „Die römischen Päpste" hatte in der ersten Auflage sich für jene Mißdeutung ausgesprochen; in der zweiten dagegen (Bd. 1. S. 223. in der Note) gibt er sein Mißverständniß zu. In der Real-encyklopädie von Dr. Herzog (Bd. 6. S. 534. in der Note) wird gleichfalls der Sinn jenes Satzes erörtert und nach Anführung der Mißverständnisse und mit ausdrücklicher Beziehung darauf, daß sowohl Ranke als auch Reuchlin, letzterer in seinem Pascal (S. 110.) ihre frühere Ansicht berichtigt hätten, bemerkt: „Der Sinn ist: kein Ordensgesetz verpflichtet so, daß die Uebertretung desselben einer Tod= oder läßlichen Sünde schuldig macht, wenn nicht der Superior die darin enthaltene Bestimmung in seiner Stellung als Stellvertreter Christi kraft des Gehorsams ausdrücklich gebietet." Dr. Herzog bemerkt dabei noch zum weiteren Belege der Richtigkeit dieser Erklärung, daß ganz derselbe Ausdruck „obligare ad peccatum" sich auch in anderen viel älteren Ordensregeln und mit der Bedeutung „unter einer Sünde ver= pflichten" finde. Ganz dasselbe Urtheil fällt Christian Wilhelm Nied= ner, weiland Doctor und Professor der Theologie zu Berlin, in seinem „Lehrbuch der christlichen Kirchengeschichte" (Berlin 1866, S. 649. in der Note) wo er bemerkt: das „obligare ad peccatum" bezeichnete (z. B. auch l. c. 6, 3. und in den Constitutionen der Dominicaner cap. 5. bei Holstenius IV. 13.) allerdings nicht „Verpflichtung zu Sünde," sondern „einen Grad der Verbindlichkeit einer Vorschrift, welcher hinanreicht bis zu an deren Nichtbeobachtung sich knüpfender Sündenschuld." Endlich in neuester Zeit ist die Frage auch noch in einer eigenen Abhandlung von dem Protestanten Dr. Georg Eduard Steitz in Frankfurt a. M. in den „Jahrbüchern für deutsche Theo= logie," 9. Band (Gotha 1864) S. 148—164 erschöpfend erledigt worden. In dieser Abhandlung ist namentlich gezeigt, daß Jordan in seiner Schrift: „die Jesuiten und der Jesuitismus" (ein besonderer mit Zusätzen vermehrter Abdruck aus dem Staatslexikon von Rotteck und Welcker) die fragliche Stelle völlig mißverstanden hat. Aus der Gleichheit charakteristischer Worte im Schreiben Ew. Hochwohlgeboren glaube ich entnehmen zu sollen, daß Sie gerade durch diese Abhand= lung Jordan's irregeführt worden sind.

Ich kann also mit voller Wahrheit behaupten, daß die Deutung, welche Ew. Hochwohlgeboren in der officiellsten Weise den Ordens= statuten der Jesuiten gegeben haben, nicht nur von den Jesuiten selbst und der katholischen Kirche, sondern auch von der protestantischen Wis= senschaft entschieden verworfen wird und evident irrthümlich ist.

Ich bitte daher Ew. Hochwohlgeboren von dieser Sachlage Kennt= niß zu nehmen. Damit verbinde ich die vertrauensvolle, ganz erge= benste Bitte, Ew. Hochwohlgeboren wollen Ihre in Frage stehende Behauptung in geeigneter Weise berichtigen. Sie werden mir, als dem gesetzlichen Vertreter der katholischen Kirche, die Berechtigung zu dieser Bitte gewiß nicht absprechen können, da nicht nur die Duldung eines Ordens mit solchen verabscheuungswürdigen Grundsätzen der Kirche im Allgemeinen, sondern auch mir insbesondere deßhalb zum berechtigtesten Vorwurfe gereichen würde, weil ich die Jesuiten hierher berufen und ihre Moral wiederholt öffentlich in Schutz genommen habe.

In Erwartung 2c.

Mainz den 1. December 1873.

† Wilhelm Emmanuel,
Bischof von Mainz.

II.

Die auf dieses Schreiben erfolgte Antwort lautet:

Die Reclamation, welche Euere Bischöfliche Gnaden in dem gefälligen Schreiben vom 1. d. M. zu meiner Kenntniß brachten, hat mich veranlaßt, der darin angeregten Frage nochmals näher zu treten und mich mit der darüber vorhandenen Literatur thunlichst bekannt zu machen. Nachdem diese Untersuchung für mich das Ergebniß gehabt hat, daß einestheils die Const. VI. 5. des Institutum Societatis Jesu den Ausdruck obligare ad peccatum keineswegs in dem klaren und zweifellosen Sinn gebraucht, in welchem ähnliche Ausdrücke (obligare ad poenam, ad culpam) in älteren Ordensregeln gebraucht werden, und daß andrerseits die Lehren der Jesuiten über das Gelübde des Gehorsams von einer Tragweite sind, daß schon darnach, ganz abgesehen von der Const. VI. 5, die Verpflichtung zu einer Sünde durch Befehl des Ordens-Oberen nichts weniger als ausgeschlossen ist, habe ich geglaubt, am loyalsten zu handeln, wenn ich die Darlegung Eurer Bischöflichen Gnaden unverkürzt der Oeffentlichkeit übergebe, gleichzeitig aber die Gründe, aus welchen die Regierung auch jetzt noch überzeugt ist, daß ihre von Ihnen beanstandete Aeußerung im Wesentlichen nicht unrichtig ist, an der Hand der einschlägigen Literatur darlege, da bisher für die Regierung noch keine Gelegenheit gegeben war, jene ihre Aeußerung näher zu begründen. Die „Darmstädter Zeitung" wird in den nächsten Tagen die bezügliche officielle Mittheilung bringen und werde ich nicht ermangeln, Euer Bischöflichen Gnaden ein Exemplar derselben zu übersenden. Ich habe aber die Beantwortung Ihres gefälligen Schreibens vom 1. d. M. nicht länger verzögern wollen, da sich solche schon mehr als mir lieb ist, in die Länge gezogen hat.

Es kann mir nur erfreulich sein, daß Eure Bischöfliche Gnaden mit soviel Entschiedenheit die Möglichkeit, daß ein Ordens=Oberer einem Jesuiten die Verpflichtung zu einer Sünde auferlegen könne, perhorresciren. Wenn gleichwohl der Glauben an diese Möglichkeit in so weitem Umfang verbreitet ist, so haben sich dieß die Jesuiten offenbar selbst zuzuschreiben, denn sie hätten dann deutlicher reden sollen. Wie sogar in unserer Muttersprache ein ungenauer Ausdruck eine nicht beabsichtigte Auffassung nach sich ziehen kann, dafür bietet Euer Bischöflichen Gnaden Brief an mich vom 1. December selbst einen Beleg, indem Sie dort die von Ihnen beanstandete Aeußerung der Regierung als „in sich widersprechende und namenlos unsittliche Vorwürfe" characterisiren. Auf den ersten Blick müßte man diesen Ausdruck so auffassen [1]), als ob Sie dadurch die Regierung, die die Vorwürfe gemacht hat, einer namenlosen Unsittlichkeit beschuldigen wollten, während Euer Bischöflichen Gnaden Absicht sicherlich doch nur dahin gegangen ist, das Vorgeworfene als namenlos unsittlich zu bezeichnen. Ich habe daher, um nicht die Mißverständnisse im Publikum zu vermehren, die fraglichen Worte beim Abdruck weggelassen.

Mit ausgezeichneter Hochachtung 2c.

v. S t a r c k,
Director des Ministeriums des Innern.

Darmstadt, den 15. December 1873.

III.

Die hier in Aussicht gestellte „officielle Mittheilung," welche in Nr. 350 der „Darmstädter Zeitung" vom 18. December erfolgte, hat folgenden Wortlaut:

---

1) Es ist in der That durchaus nicht abzusehen, daß in der beanstandeten Stelle ein „ungenauer Ausdruck" vorliege. Von der Aeußerung oder „Behauptung, daß geistliche Oberen im Namen Gottes zu einer Sünde verpflichten können," schrieb ich (S. 11), sie seien „in sich widersprechende und namenlos unsittliche Vorwürfe," sie entbehrten „eines vernünftigen Sinnes und widersprächen den ersten Elementen der Sittlichkeit;" hinsichtlich der Personen, welche derartige Vorwürfe erheben, war nicht von einer namenlosen Unsittlichkeit, wohl aber von der „Macht der Vorurtheile" die Rede.

In dem Schreiben der Großherzoglichen Regierung an den Aus=
schußreferenten der 2. Kammer, wegen der Beschwerde des Konrad Zöl=
ler IV. zu Seligenstadt über die Ausführung des Jesuitengesetzes gegen=
über dem Jesuitenpater Michael Zöller von da, welches in dem Aus=
schußbericht Beilage Nr. 229 zum 42.. Protokoll der 2. Kammer ab=
gedruckt worden ist, war gelegentlich bemerkt worden, daß der Ordens=
Obere einem Jesuiten nach den Ordensgesetzen im Namen Christi das
Begehen einer Tod= oder erläßlichen Sünde befehlen könne. Gegen
diese Aeußerung hat der Herr Bischof von Mainz in einem an den
Chef des betreffenden Ministeriums gerichteten Schreiben Widerspruch
erhoben, dessen wesentlicher Inhalt nachstehend folgt: (hier wird mein
vorstehendes Schreiben wiedergegeben).

Dem Wunsche des Herrn Bischofs entsprechend, hat die Regie=
rung von der Sachlage nähere Kenntniß genommen und entspricht auch
dem von dem Herrn Bischof gestellten Ersuchen soweit als möglich, in=
dem sie dessen Darstellung hierdurch zur öffentlichen Kenntniß bringt.

Was nun die Sachlage selbst betrifft, so beruht die Eingangs er=
wähnte Aeußerung in dem Schreiben der Regierung allerdings zunächst,
aber nicht allein und ausschließlich, auf der von dem Herrn Bischof
theilweise angeführten Stelle des Institutum Societatis Jesu, in welcher
der Ausdruck: »obligationem ad peccatum mortale vel veniale inducere« nach dem Latein, welches in unsern Schulen gelehrt wird,
nicht anders verstanden werden konnte, als: „die Verpflichtung zu
einer Tod= oder erläßlichen Sünde herbeiführen." Es wird dieß durch
die folgenden Worte bestätigt, da in dem Satze: nisi superior ea in
nomine Domini nostri Jesu Christi vel in virtute obedientiae juberet« das Wort *ea* zwar wohl auf die vorhergenannten peccata,
aber doch nicht wohl auf die früher erwähnten constitutiones, declarationes vel ullum ordinem vivendi bezogen werden kann. Die
Stelle ist übrigens von dem Herrn Bischof nicht vollständig angezogen
worden. Der Schluß derselben lautet nach dem Worte juberet:

> quod in rebus vel personis illis, in quibus judicabitur, quod
> ad particulare uniuscujusque, vel ad universale bonum, mul-
> tum conveniet, fieri poterit: et *loco timoris offensae* succe-
> dat amor et desiderium omnis perfectionis, et ut major
> gloria et laus Christi Creatoris, ac Domini nostri conse-
> quatur.

Hier wird demnach mit Bezug auf den vorher beschriebenen Be=
fehl eines Oberen gesagt, an die Stelle der Furcht vor einem Vergehen

solle das Streben nach Vervollkommnung treten. Die Furcht vor einem Vergehen konnte aber doch nur herbeigeführt werden, wenn der Befehl des Oberen dieses Vergehen veranlassen würde, nicht aber, wenn der Befehl des Oberen zur Beobachtung der Constitutionen bei Vermeidung einer Sünde aufgefordert hätte, also der Befehl gerade auf Vermeidung der Sünde gerichtet wäre.

Nachdem in dem „Mainzer Journal" die Richtigkeit der Auffassung der gedachten Stelle des Institutum beanstandet worden war, hat man es für wünschenswerth erachtet, einen anerkannten Philologen über die Richtigkeit der jener Stelle gegebenen Uebersetzung zu hören und hat deßhalb den ordentlichen Professor der lateinischen Philologie auf der Landes=Universität um sein sachverständiges Gutachten befragt. Derselbe hat darauf folgende Uebersetzung der fraglichen Stelle mitgetheilt:

„Da die Gesellschaft den Wunsch hat, daß alle ihre Constitutionen, Declarationen und ihre Lebensordnung ganz und gar gemäß unsrem Institut, so daß Nichts in irgend einem Punkte verweigert werden darf, inne gehalten werden, da sie ferner nichtsdestoweniger den Wunsch hat, daß alle Ihrigen gesichert oder doch darin unterstützt seien, daß sie nicht in den Fallstrick irgend einer Sünde, welche aus der Wirkung solcher Constitutionen und Anordnungen sich ergäbe, hinein gerathen, so hat es uns im Herrn geschienen, daß mit Ausnahme des ausdrücklichen Gelübdes, durch welches die Gesellschaft dem höchsten Pontifer, der zur Zeit vorhanden ist, verpflichtet ist, und der drei andren wesentlichen, der Armuth, der Keuschheit und des Gehorsams, keine Constitutionen, Declarationen oder irgend welche Lebensordnung die Verpflichtung zu einer Tod= oder erläßlichen Sünde herbeiführen könne, wofern nicht der Obere solche im Namen des Herrn Jesu Christi oder in Kraft des Gehorsams befehlen sollte: was bei solchen Angelegenheiten und Personen, bei denen man erachten wird, daß es zu dem besonderen Wohl eines Jeden und zum allgemeinen Wohl sehr dienlich sein werde, geschehen kann: und an die Stelle der Furcht vor einem Vergehen trete dann die Liebe und das Verlangen nach der gesammten Vervollkommnung; und daß höherer Ruhm und Lob Christi des Schöpfers und unseres Herrn sich daraus ergeben möge."

— und schreibt dazu:

„Dieser Sprachgebrauch" (wonach der Satz: »nullas constitutiones posse obligationem ad peccatum inducere« heißen soll: die Constitutionen verpflichten nicht so, daß ihre Unterlassung eine Sünde wäre) „ist aber in jedem Latein unmöglich; obligatio ad — wird niemals Verpflichtung bei . . . sondern stets nur Verpflichtung zu . . . bedeuten können. Daß ea auf peccatum mortale vel veniale gehen müsse, sieht wohl jeder Schüler ein; und selbst wenn

2

ea auf eine Vielheit von Femininis bezogen werden könnte, würde der ganze Zusammenhang der Stelle aufs Lauteste dagegen protestiren."

Es ist richtig, daß die Interpretation der Stelle in den letzten Jahrzehnten eine ziemlich zahlreiche Literatur hervorgerufen hat. Indessen auch diejenigen Schriftsteller, welche die von dem Herrn Bischof als die richtig bezeichnete Auslegung unterstützen, machen darauf aufmerksam, wie dem unbedingten Gehorsam gegenüber, den der Jesuit seinem Oberen schuldet, die Einschränkung auf nicht sündhafte Gebote nur eine scheinbare ist. Ranke sagt in der von dem Herrn Bischof citirten Stelle (4. Auflage, S. 223) mit Bezug auf die Const. VI. 5:

"Man traut seinen Augen kaum, wenn man dieß liest. Und in der That ist auch ein anderes Verständniß möglich als das, welches sich im ersten Momente darbietet. Obligatio ad peccatum mortale vel veniale soll wohl mehr die Verpflichtung bezeichnen, mit welcher eine Constitution verknüpft ist, so daß derjenige, welcher sie bricht, der einen oder der andern Art von Sünde schuldig sei. Nur wird man gestehen, daß die Constitution deutlicher sein sollte und man wird Niemand zu verunglimpfen haben, der, bona fide, ea auf peccatum mortale vel veniale bezieht und nicht auf constitutiones. Wenn Andere diese Bestimmungen deßhalb sogar mild finden wollen, weil ja die Uebertretung der Constitutionen an und für sich nicht als Sünde betrachtet werden soll, so bleibt es auch dann dabei, daß die Gewalt der Oberen, eine Sündlichkeit involvirende Anordnung zu geben, von höchst außerordentlichem Charakter ist."

In der 6. Auflage seines Buches, Bd. I, S. 144 und 145 sagt Ranke im Text:

"Denn an die Stelle jedes andern Verhältnisses, jedes Antriebes, den die Welt zur Thätigkeit anbieten könnte, tritt in dieser Stelle der Gehorsam: Gehorsam an sich, ohne alle Rücksicht worauf er sich erstreckt."

In der Note werden dann die Stellen citirt, wo der Gehorsam wie ein Leichnam und wie ein Stock gefordert wird und weiter die Const. VI. 5. Hier lautet nun die vorher ausgezogene Stelle so:

"Man traut seinen Augen kaum, wenn man dieß liest. Denn das Natürlichste, dem einfachen Sinn sich zunächst Darbietende ist ea auf peccatum mortale vel veniale zu beziehen, so daß der Superior allerdings eine Sünde zulassen könnte. Doch ist die Meinung in der That nicht dahin gegangen. Die Constitution schließt sich an die Declaration der Dominicanerregel an, in welcher die Prioren ermächtigt wurden: praecepta facere, quae *transgressores* obligabunt non solum ad poenam, sed etiam ad mortalem culpam. Es ist da von Befehlen die Rede, deren Uebertretung eine innere Verschuldung involvirt. So soll auch der Jesuitengeneral" (nicht nur dieser, sondern jeder Superior) "Verpflichtungen auflegen können, daß der, welcher sie

bricht" (davon steht allerdings nichts im Text) „sich dadurch der einen
oder der andern Art von Sünde schuldig macht. Eine sehr außeror=
dentliche Befugniß bleibt das immer. Bei den Dominicanern war sie
mehr eine Verschärfung der Ordensregel, bei den Jesuiten wurde sie
ein Bestandtheil des unbedingten Gehorsams, den der General zu for=
dern berechtigt wird."

Auch S t e i tz, von welchem nicht nur der Aufsatz in den Jahr=
büchern der deutschen Theologie 9. Bd. 1864, sondern auch der Auf=
satz in Dr. Herzog's Realencyclopädie herrührt, sucht die von dem
Herrn Bischof als die richtige bezeichnete Auslegung der fraglichen
Stelle zu rechtfertigen durch die Bedeutung, welche der Ausdruck ob=
ligare ad peccatum in anderen Mönchsregeln hat. Allein in diesen
anderen Mönchsregeln sind die Stellen wesentlich anders gefaßt. Es
ist darin ausdrücklich von transgressio, transgressores die Rede, so
daß selbst bei dem schlechten Latein die Sache klar, der Sinn unzwei=
felhaft ist. Anders in der Jesuitenregel, wo es künstlicher Argumen=
tation bedarf, um den Sinn darin zu finden, den die Vertheidiger
der Jesuiten darin gefunden sehen wollen. Uebrigens sagt selbst
S t e i tz in Herzog's Realencyclopädie:

„Uebrigens kann es für eine Gesellschaft, die den Gehorsam bis
zur blinden Verläugnung des eigenen Urtheils fordert und heranbildet,
praktisch von keiner Bedeutung sein, daß ein sündhafter Befehl grund=
gesetzlich von der Pflicht der Folgeleistung entbindet; ist ja doch die ganze
Praxis der Erziehung und des Ordenslebens darauf angelegt, daß das
Gewissen des Einzelnen in dem Willen des Oberen immer völliger
aufgehe." .

In den Jahrbüchern für deutsche Theologie führt S t e i tz als
Schriftsteller, welche die Const. VI. 5. als dem Oberen die Befugniß
zu einer Sünde zu verpflichten zuschreibend ansehen, an:

Ranke, Römische Päpste, 1. Aufl. 1834.

Reuchlin, Port royal, I. Bd. 1839.

Sylvester Jordan, Die Jesuiten und der Jesuitismus.

Jacobi (Professor in Halle), Die Jesuiten. 1862.

Dr. Gustav Weicker, Das Schulwesen der Jesuiten nach den
Ordensgesetzen. 1863.

Für die von dem Herrn Bischof und von ihm vertheidigte Mei=
nung führt er an:

Ranke in der 2. Auflage seiner Römischen Päpste, 1838. Die
betreffenden Aeußerungen Ranke's sind oben bereits angegeben. .

Ellendorf, Die Moral und Politik der Jesuiten. 1840.

Reuchlin, Pascal's Leben, 1840, S. 110 Anm., nahm seine

2 *

frühere Auffassung mit dem Zusatze zurück: „Nur die Exegese eines berühmten Historikers hatte uns vermögen können, der Stelle einen falschen Sinn zu geben."

Gieseler, Kirchengeschichte III. 2. S. 535 ff. Anm. 35.

Die Ausführungen von Steitz selbst leiden an mangelhafter Berücksichtigung der verschiedenen über den dem Jesuiten befohlenen Gehorsam sprechenden Stellen.

Weicker sagt a. a. O. Seite 251, 252:

„In jedem Superior sollten die Jesuiten den Herrn Christum erkennen und in ihm der göttlichen Majestät Ehrfurcht und Gehorsam mit der größten Gewissenhaftigkeit erweisen. Und man glaube ja nicht, daß dies blos pathetische Redeform sei! Befiehlt der Obere in virtute obedientiae, in Kraft des Gehorsams, so ist Ungehorsam gegen ihn so gut eine Todsünde, als Ungehorsam gegen Gottes Gebot. Ja um dem Befehle des Oberen zu gehorchen, sogar selbst eine andere Sünde zu begehen, würde sich ein Jesuitenschüler kaum weigern können oder dürfen, denn da der Jesuitenschüler nur dann den Gehorsam verweigern darf, wenn der Befehl des Oberen eine offenbare Sünde von ihm verlangt, da es ihm aber gar nicht zukommt, den Befehl des Oberen irgendwie zu prüfen, vielmehr seine Pflicht ist, willenlos und „wie ein Leichnam" Gehorsam zu leisten, so ist denn doch die Consequenz keine andere, als die, daß er auch da, wo ihm der Obere eine Sünde zumuthet, keine Wahl hat als zu gehorchen, um nicht die Todsünde des Ungehorsams gegen seine Vorgesetzten zu begehen."

Auch Wagenmann (in der Encyclopädie des gesammten Erziehungs- und Unterrichtswesens von K. A. Schmid 3. Bd. Art. Jesuiten, Jesuitenschulen) hat nach Weicker dieselbe Ansicht ausgesprochen[1]).

Am Ende des Buchs behandelt Weicker in einem Excurs über Const. VI. 5. und die obligatio ad peccatum diese specielle Vorschrift. Er trägt die Gründe vor, welche für die Auslegung sprechen, daß der Obere die Begehung einer Sünde befehlen könne und bemerkt bezüglich der aus dem Sprachgebrauch des Mönchslateins geschöpften Gegen-

---

1) Wir bemerken, daß die unbestimmte Form, in welcher hier Wagenmann's Ansicht angeführt wird, leicht Mißverständnisse hervorrufen könnte. Die Worte: „da der Jesuit oder der Jesuitenschüler" bis „zu begehen" sind bei Weicker als wörtliches Citat aus Wagenmann angegeben. In Bezug auf die Stelle constit. p. VI. c. V., um die es sich hier handelt, „entnimmt Wagenmann," wie doch derselbe Weicker sagt, „nicht mehr, wie andere vor ihm, aus dem Wortsinne der fraglichen Constitution eine innerhalb des Jesuitenordens rechtlich bestehende Verpflichtung zur Sünde," obwohl er freilich demungeachtet eine „unvermeidliche Verleitung und factische Nöthigung zur Sünde aus der Vergleichung mit andern einschlagenden Vorschriften" nachweisen möchte.

gründe, daß der Gebrauch einer Wortfassung an einer Stelle, beson=
ders wenn im Uebrigen Alles klar sei, nicht nothwendig auf den glei=
chen Sinn und Gebrauch an einer anderen Stelle schließen lasse. Er
kommt schließlich zu der Erklärung, daß er Ellendorf beistimme, welcher
meint, daß die Lehre von der Verpflichtung z u r Sünde den Jesuiten
nicht ganz klar erwiesen werden könne, — aber, so fügt Weicker hin=
zu, auch das Gegentheil kann nicht erwiesen werden. Nach der Be=
sprechung einer Anzahl anderer Stellen des Institutum lautet das
Schlußwort des Verfassers dahin:

„Die Verpflichtung zum Gehorsam gegen die Oberen, sogar bis
zur Vollziehung einer Sünde, ist zwar nicht in dem Wortlaut Einer
Stelle, wohl aber in dem übereinstimmenden Inhalte vieler Stellen
der jesuitischen Ordensgesetze enthalten [1]).“

Auch der von dem Herrn Bischof angerufene N i e b n e r , Lehr=
buch der christlichen Kirchengeschichte, 1. Auflage, S. 635, Note 1
(die 2. Auflage konnte hier nicht erlangt werden) sagt:

„Der Sinn (der Const. VI. 5.) ist: Alle die Ordensgesetze noch
außer den 4 Geboten (als bei welchen es sich von selbst versteht) haben
keine so (unbedingt) verbindende Kraft, daß sie auch im Fall unter
Umständen etwa unvermeidbarer Sündlichkeit ihrer Beobachtung noch
unbedingt verpflichteten; es wäre denn, daß der Obere sie dennoch im
Namen Jesu, oder kraft des Gelübdes vom unbedingten Gehorsam ge=
böte. Der Sinn ist also doch: theils eventuelle Verpflichtung der ge=
meinen Ordensglieder auch zu sündhafter Ordensgesetz=Beobachtung,
auf Rechnung des allein verantwortlichen Ordens=Oberen, theils die
Denkbarkeit möglicher Fälle, wo der Obere auch mit Sünde verbun=
denen Gehorsam und zwar im Namen Jesu anbefehlen könne oder dürfe.

Auch der neueste Schriftsteller, Professor H u b e r , der Jesuiten=
orden 1873, obgleich er S. 92 als Sinn der „oft mißverstandenen“
Const. VI, 5. angibt:

„Wenn jede Verletzung der abgelegten Gelübde eine Todsünde in=
volvirt, so soll dies bei der Nichtbeachtung der einzelnen Bestimmungen
der Constitutionen und Regeln noch nicht unmittelbar der Fall sein,
sondern erst dann, wenn der Vorgesetzte die Befolgung derselben im
Namen Jesu Christi oder in Kraft des Gehorsams gebietet,“
sagt doch Seite 45 ff. von dem Gelübde des Gehorsams:

---

1) Anstatt der unbestimmten Schlußworte aus Weicker (a. a. O.) wären für
dessen Ansicht über die fragliche Stelle jedenfalls folgende Worte deutlicher gewesen:
„Ich will mich indeß einmal, schon um den Jesuiten nicht Unrecht zu thun, der
gelinderen Auffassung (Verbindlichkeit u n t e r einer Todsünde) anschließen“ (S. 285.)
und: „freiwillig allein trete ich auf die Seite derer, welche in der vorliegenden
Stelle nur die Verpflichtung b e i (Strafe oder Gefahr) einer Sünde durch den Be=
fehl in virtute obedientiae gelehrt finden“ (S. 287.).

„Nach des Ignatius eigener Darlegung erhebt und vollendet sich der Gehorsam in drei Stufen. Die erste und unvollkommenste Form ist diejenige, wo die Befehle nur im Werke ausgeführt werden; diese aber verdient noch nicht den Namen einer Tugend; vielmehr sollen nach einer Aeußerung, welche Maffei von Loyola mittheilt, diejenigen, welche unwillig und mit abweichender Gesinnung nur im äußerlichen Werk die Befehle der Oberen ausführen, unter die feilsten Sclaven und Thiere gezählt werden. Damit der Gehorsam zur Tugend sich entwickle, muß der Untergebene den Willen des Oberen zu dem seinigen machen, also nicht blos das aufgetragene Werk verrichten, sondern dem Befehle auch innerlich beistimmen. Wer sich aber Gott ganz opfern will, der muß außer dem Willen auch die Einsicht darbringen, auf daß er nicht nur dasselbe wolle, sondern auch denke, wie sein Vorgesetzter, und er muß Alles, was dieser gebietet und denkt, auch für recht und wahr halten.

„Nur scheinbare Einschränkungen sind es, wenn das Opfer der Einsicht nur insoweit gefordert wird, als der Wille die Intelligenz beugen kann und der Gehorsam nur in allen jenen Dingen geleistet werden soll, die nicht mit einer offenbaren Sünde verbunden sind; denn abgesehen davon, daß mit der Suspension des eigenen Urtheils jede Möglichkeit der Prüfung aufhört und die persönliche Verantwortlichkeit von vornherein hinwegfallen muß, warnte Loyola ausdrücklich vor dem Zweifel, ob das, was uns zu thun auferlegt wird, zweckmäßig sei und mit Recht befohlen werde, weil dadurch der Eifer und die Raschheit in der Ausführung, die Einfalt des blinden Gehorsams, in schwierigen Dingen die Tapferkeit und schließlich alle Kraft und Würde der Tugend des Gehorsams ersterben würde. „Ihr sollt," sagte er, „um das auszuführen, was euch der Vorgesetzte sagen wird, von einem gewissen blinden Drang des zum Gehorsam begierigen Willens durchaus ohne jede Prüfung euch bestimmen lassen, wie Abraham that, als er seinen Sohn Isaak opfern sollte." Weiter heißt es in dem Summarium der Constitutionen, den allgemeinen Regeln, welche jeder Jesuit stets gegenwärtig haben soll, daß sie sich überreden müßten, alles, was der Vorgesetzte befiehlt, sei gerecht, und daß sie mit blinder Unterwürfigkeit auf ihre Meinung und ihr entgegengesetztes Urtheil zu verzichten, überhaupt kein eigenes Bewußtsein zurückzubehalten hätten. Der gleichen Sprache begegnen wir selbstverständlich bei den Schriftstellern des Ordens, welche sich bemühen, dieses Opfer des Willens und Verstandes nach seinem ganzen Umfange klar zu machen und zu empfehlen. So schreibt Alphons Rodriguez: „Gehorchen wir blindlings, d. h. ohne zu untersuchen, weßhalb man es uns befiehlt, blos deßhalb, weil der Obere es fordert und der Gehorsam es auferlegt. Die dritte Stufe des Gehorsams besteht in der Gleichförmigkeit unseres Verstandes mit dem unseres Oberen, so daß wir nur einerlei Meinung, eines und desselben Willens mit ihm sind; alles, was er befiehlt, für vernünftig halten, unser Urtheil gänzlich dem seinigen unterwerfen und dieses zur Richtschnur des unsrigen nehmen. Unterwirfst Du nicht beim Gehorsam Deinen Verstand ebensogut als Deinen Willen, so ist Dein Gehorsam kein Brandopfer, er ist nicht vollkommen, weil Du Gott nicht den hauptsächlichsten und edelsten Theil von Dir, Deinen eigenen Verstand nämlich, darbringst. Deßhalb sagte der hl. Ignaz von denen, welche zwar ihren Willen, aber nicht ihren Verstand den Befehlen des Obern unterwerfen, sie stünden nur mit einem Fuße im Orden. Der unvollkommene Gehorsam, sagt der hl. Ignaz, hat zwei Augen, aber zu seinem Unglück; der vollkommene Gehorsam ist blind, aber in dieser Blindheit besteht seine Weisheit und Vollkommenheit. Man darf nie gehorchen, wenn es sich handelt, eine Sünde zu begehen, aber befiehlt der Gehorsam, etwas Gutes zu unterlassen, so ist man verpflichtet, sich dem Gehorsam zu unterwerfen." Womöglich noch schärfer formulirt Alois Bellecius die Pflicht des Gehorsams, wenn er erklärt „der wahrhaft Gehorsame gehorcht in Allem, was ihm befohlen wird, auch in dem, was mit offenbarer Gefahr und Wagniß der Gesundheit und des Lebens, der Ehre, des guten Rufes, der Wissenschaft, ja selbst wie es scheint, der größeren Tugend und Verherrlichuug Gottes verbunden ist, und er gehorcht selbst dann, wenn offenbare Ungerechtigkeit, Parteilichkeit, ungünstiges Vorurtheil oder irgend eine andere verkehrte Regung des Gemüths im Vorgesetzten ganz deutlich sich geltend machten." — Hält man dazu noch das bereits oben angeführte Privileg des Ordens, daß jedes Mitglied sich in Gewissensscrupeln bei der Entscheidung des Vorgesetzten beruhigen könne und müsse, so wird mit der Gedanken- und Willenlosigkeit sich auch die Gewissenslosigkeit als kaum zu vermeidende Consequenz einstellen."

Hält man mit diesen Vorstellungen von dem Inhalte des Gelübdes des Gehorsams für den Jesuiten zusammen, daß die Const. VI. 5. von vornherein die Zuwiderhandlung gegen das Gelübde des Gehorsams als Sünde erklärt, so ist allerdings ein Jesuit gegenüber einem Befehle seines Oberen weder in der Lage, prüfen zu dürfen, ob das Befohlene Sünde sei, noch auch in der Lage, einer befohlenen Sünde auszuweichen, da er dann in die Sünde des Ungehorsams verfallen wäre. Bei solchen Vorschriften war es freilich recht überflüssig, noch besonders vorzuschreiben, daß nöthigenfalls der Obere auch die Verpflichtung zu einer Sünde auferlegen dürfe.

Daß von solcher Befugniß dann auch reichlicher Gebrauch gemacht worden ist, lehrt die Geschichte des Ordens, wie unter andern in Huber's angeführter Schrift, z. B. im dritten Kapitel „die kirchlich-politische Wirksamkeit" nachgelesen werden kann.

Nach diesem Allem wird der Staatsregierung weder ein Vorwurf daraus gemacht werden können, daß sie, veranlaßt, die Natur der Societas Jesu kurz zu charakterisiren, auch erwähnte, daß der Ordens-Obere sogar einem Jesuiten das Begehen einer Sünde befehlen könne, noch wird von ihr mit Fug und Recht erwartet werden können, daß sie diese Aeußerung als eine irrige zurücknehme.

IV.

Ew. Hochwohlgeboren bitte ich, mich gütigst zu entschuldigen, wenn ich noch einmal auf den Gegenstand des sehr geehrten Schreibens vom 15. I. M. zurückkomme. Ich bin dazu durch mein Amt und meine persönliche Ueberzeugung gezwungen.

Ew. Hochwohlgeboren haben öffentlich und amtlich in Ihrer hohen Stellung vor dem ganzen Lande die schwerste Anklage direct gegen ein Institut der katholischen Kirche und dadurch indirect gegen die katholische Kirche selbst erhoben. Wenn sie begründet wäre, so wäre nicht nur der Jesuitenorden ein sittlich durchaus verwerfliches Institut, sondern dieses Urtheil träfe auch die ganze katholische Kirche, welche diesen Orden nicht nur in ihrer Gemeinschaft duldet, sondern auch denselben billigt und hochschätzt. Welchen Eindruck muß es daher auf die protestantische Bevölkerung machen, wenn in einer Zeit der tiefsten religiösen Aufregung, in welcher von allen Seiten die schwersten Vorwürfe gegen uns Katholiken angehäuft werden, von einer so hervorragenden Stelle aus die Behauptung ausgesprochen wird, daß die katholische Kirche in ihrer Mitte eine weitverbreitete Gesellschaft dulde, welche ihre Mitglieder im Gehorsam zur Todsünde, also zum Bösen, zu den schwersten sittlichen Vergehen verpflichten könne? Und welchen Eindruck muß es auf der andern Seite auf die Katholiken machen, wenn von Ihrer Regierung, gegen welche sie zu jeder Zeit alle ihre staatsbürgerlichen Pflichten mit Treue erfüllt haben, von der sie nicht nur Gerechtigkeit zu fordern berechtigt sind, sondern von der sie auch unter dem Scepter unseres Großherzogs Gerechtigkeit und Wohlwollen jeder Zeit gefunden haben, jetzt auf einmal so schwere Anklagen gegen ihre Kirche und Anstalten derselben öffentlich erhoben werden?

Da nun weder in den Constitutionen des Institutes der Jesuiten, noch in den Lehren der katholischen Kirche sich irgend ein Anhalt für jenen kränkenden Vorwurf findet und ich durchaus annehme, daß Ew. Hochwohlgeboren ihn in redlicher, wenn auch gänzlich irriger Ueberzeugung ausgesprochen haben, so habe ich mich in meinem ganz ergebenen Schreiben vom 1. December bemüht, Ew. Hochwohlgeboren von diesem Irrthum zu überzeugen, und damit die ergebenste Bitte verbunden, nach eingehender Prüfung der hierfür vorgebrachten Beweise, denselben zu berichtigen. Ew. Hochwohlgeboren haben mich nun in dem sehr geehrten Schreiben vom 15. I. M. auf eine bevorstehende amtliche Veröffentlichung in der „Darmstädter Zeitung" hingewiesen.

Diese ist denn auch in Nr. 350 dieses Blattes am 18. December erschienen; sie ist aber ihrem ganzen Inhalte nach nicht eine Zurücknahme jener Behauptung, sondern vielmehr ein Versuch sie von Neuem zu rechtfertigen, wenn auch zugleich zugestanden wird, daß der Vorwurf die Jesuiten könnten von ihren Oberen im Gehorsam zu einer Sünde verpflichtet werden, nicht ganz unbestritten sei.

Nach dieser officiellen Publikation bleibt also ein großer Theil der protestantischen Bevölkerung des Großherzogthums unter dem Eindrucke, daß ihre katholischen Mitbürger einer Kirche angehören, worin ein so namenlos unsittlicher Grundsatz gelehrt und von Hunderten ihrer angesehensten Priester geübt werden dürfe. Der Umstand, daß vom Großherzoglichen Ministerium selbst diese Anklage erhoben und in der amtlichen Publikation der „Darmstädter Zeitung" nicht widerrufen, sondern in einer Weise besprochen worden ist, bei welcher man die Neigung, sie auch jetzt noch gelten zu lassen, nur allzusehr durchfühlt, wird dem Volke genügen, sie für wahr zu halten. Damit ist aber die Ehre der katholischen Kirche und einschließlich auch die Ehre aller Katholiken, die ihr in Liebe und Treue anhangen, vor dem ganzen Lande so tief wie möglich verletzt, und dieser Umstand zwingt mich zu einer Entgegnung.

Ich erlaube mir nun zunächst hervorzuheben, daß die amtliche Publikation der „Darmstädter Zeitung" fast Alles gänzlich ignorirt, was ich in meinem ergebensten Schreiben vom 1. December zum Beweise der Unrichtigkeit des erwähnten Vorwurfes angeführt habe. Selbst die von mir angeführten protestantischen Autoren finden nicht die gebührende Berücksichtigung. Dadurch wird aber die ganze amtliche Publikation durchaus einseitig und verliert den Charakter einer billigen objectiven Beurtheilung.

So habe ich unter Anderem in jenem Schreiben auf den ganz entscheidenden Umstand hingewiesen, daß die Constitutionen der Jesuiten ausdrücklich und wiederholt den Gehorsam in Allem, was Sünde ist, vollständig mit möglichster Klarheit ausschließen. Ich habe deßhalb die betreffenden Stellen dort mitgetheilt und erlaube mir sie noch einmal und noch vollständiger hier zu wiederholen. Sie finden sich in Constit. p. VI. c. 1. §. 1, welches die Ueberschrift führt: De iis, quae ad obedientiam pertinent — d. h. „Ueber das was zum Gehorsam gehört." An dieser Stelle der Constitutionen wird also der Umfang des Gehorsams, zu dem der Orden seine Mitglieder verpflichten will, ausdrücklich abgehandelt und diese authentische Selbsterklärung des Ordens über den Gehorsam muß folglich jeder nothwendig zuerst vor Augen haben, der billig und gerecht über den Gehorsam im Jesuitenorden urtheilen will. Hier finden sich nun über die Grenzen des Gehorsams folgende Bestimmungen:

Erstens er erstreckt sich nur auf solche Dinge „ad quas potest cum charitate se obedientia extendere — auf welche mit der Liebe der Gehorsam sich erstrecken kann." Hier wird schon ganz im Allgemeinen das Gebiet des Gehorsams eingeschränkt auf das Gebiet der charitas, also auf das Gebiet jener übernatürlichen Christenliebe, welche in Christus ihren Ursprung hat und von ihm auf die Menschen übergeht. Daß dieses nach dem theologischen Sprachgebrauch der Kirche der Begriff der charitas ist, kann nicht zweifelhaft sein. Alles, was nicht in diesen Kreis gehört, liegt demnach außerhalb des Ordensgehorsams. Da sieht man sogleich, wie unzulässig der Gedanke ist, daß ein Gehorsam, der ganz in der Liebe Jesu seine Quelle und seine Richtschnur hat, dazu mißbraucht werden dürfe, Sünde zu befehlen.

Zweitens wird dann in einer dieser Stelle beigefügten Note über die Gegenstände, welche dem Ordensgehorsam unterstellt sind, ausdrücklich erklärt: hujusmodi sunt illae omnes (sc. res), in quibus nullum manifestum est peccatum — „derartige Dinge sind alle jene, in welchen keine offenbare Sünde liegt." So wird also ausdrücklich das Gebiet des Ordensgehorsams auf die an sich erlaubten Handlungen beschränkt, und sind alle Handlungen, in denen eine offenbare Sünde liegt, klar ausgeschlossen.

Endlich drittens wird derselbe Gedanke dann einige Sätze weiter nochmals wiederholt. Nachdem dort hervorgehoben worden ist, wie vollkommen dieser Gehorsam sein soll, heißt es: et id quidem in omnibus, quae a Superiore disponuntur, ubi definiri non possit (quemadmodum dictum est) aliquod peccati genus intercedere — „und zwar (soll das geschehen) in allen Dingen, welche von den Oberen angeordnet werden, wo man nicht entscheiden muß, wie bereits gesagt, daß irgend etwas Sündhaftes darinliege." Diese Worte bedürfen keiner Erklärung; sie sind vollkommen erschöpfend und klar. Sie stellen ohne alle Einschränkung an dieser maßgebenden Stelle der Constitutionen das allgemeine Princip auf, daß die Pflicht des Ordensgehorsams sich durchaus nur auf jene Gegenstände bezieht, in denen nichts Sündhaftes ist; also nur auf durchaus erlaubte Gegenstände, welche ihrer Natur nach zu den sogenannten indifferenten Handlungen gehören, zu denen man nicht durch ein bestimmtes Sittengesetz verbunden ist, bei denen man deßhalb nach freier Wahl so oder anders handeln kann. Bezüglich des Gebietes dieser ihrem Gegenstande nach indifferenten Handlungen entsagt der Jesuit seiner freien Selbstbestimmung und unterwirft sich den Anordnungen seiner Oberen.

Damit sprechen aber die Constitutionen der Jesuiten über den Umfang des Gehorsams Grundsätze aus, die nicht nur mit dem natürlichen Sittengesetz in vollem Einklang stehen, sondern sich auch in der katholischen Kirche und der katholischen Sittenlehre so ganz von selbst verstehen, daß sie nie geläugnet worden sind, oder je geläugnet werden könnten. Nie hat Jemand in der katholischen Kirche die ebenso unsinnige wie unsittliche Behauptung aufgestellt, daß irgend eine Autorität zum Bösen, zur Sünde verpflichten könne. Nie wird Jemand eine solche Behauptung aufstellen können, ohne mit der Lehre der Kirche in diametralen Widerspruch zu treten. Wenn die betreffende Stelle in den Constitutionen der Jesuiten diesen Sinn hätte, so müßte sich doch irgendwo in der gesammten Jesuitenliteratur bei Erklärung der Constitutionen oder bei ihren zahlreichen Werken über die Pflicht des Gehorsams eine Spur dieser verderblichen Lehre finden. Das ist aber nicht der Fall und zwar aus dem einfachen Grunde, weil nie einem Jesuiten, der nur die ersten Elemente der natürlichen und der christlichen Sittenlehre, wie sie in der katholischen Kirche vorgetragen wird, kennt, auch nur der Gedanke an eine solche Auffassung des Gehorsams kommen konnte.

Ich habe mir dann ferner in meinem ergebensten Schreiben darauf hinzuweisen erlaubt, daß auch das corpus delicti selbst, nämlich jene Stelle der Constitutionen, woraus man die Verpflichtung des Gehorsams auch zur Sünde hauptsächlich ableiten will, zu diesem Vorwurf in keiner Weise berechtigt.

Dafür spricht zunächst ganz entschieden schon die Ueberschrift des Kapitels V., welches die mißdeuteten Worte »obligationem ad peccatum« enthält. Man muß nämlich, um die Mißdeutung dieser Worte in dem Sinne einer Verpflichtung zur Sünde herauszuzwingen, den Zusammenhang der verschiedenen Kapitel der Constitutionen und die ausdrücklich angegebene Bedeutung derselben außer Acht lassen. In cap. I. p. 6. handeln die Constitutionen nämlich, wie wir oben schon sagten, de iis, quae ad obedientiam pertinent — über das, was zum Gehorsam gehört; dort werden also alle Gegenstände bezeichnet, die dem Ordensgehorsam unterworfen sind. Kap. II. dieses Theiles handelt dann von der Armuth, das III. von einzelnen Handlungen der Ordensleute, das IV. von der Beihilfe, die den Sterbenden gewährt werden soll, das V. endlich davon, quod constitutiones peccati obligationem non inducunt, — „daß die Constitutionen unter keiner Sünde verpflichten." Hier ist also der Zweck dieses Kapitels genau bestimmt und nach dieser Zweckangabe muß auch eine vernünftige Interpretation den Inhalt desselben deuten. Während das vorherbesprochene I. Kapitel dieses Theiles sich über den Umfang des Gehorsams verbreitet, handelt dieses V. Kapitel über den Grad der Verpflichtung insbesondere darüber, daß die Constitutionen nicht unter einer Sünde verpflichten und über die Gründe, warum sie es nicht thun. Diese ausdrücklich erklärte Absicht des V. Kapitels gibt also auch mit voller Klarheit den unverfälschten Sinn des in demselben gebrauchten Ausdruckes obligatio ad peccatum. Er findet seine authentische Erläuterung in der Ueberschrift: Quod constitutiones peccati obligationem non inducunt. Man muß den erklärten und logischen Zusammenhang des I. und V. Kapitels dieses Theiles der Constitutionen willkürlich zerreißen, ebenso willkürlich annehmen, daß das V. Kapitel noch einmal denselben Gegenstand wie das I. behandelt und endlich drittens, daß dieses V. Kapitel das gerade Gegentheil von dem enthält, was so eben das I. Kapitel weitläufig und wiederholt ausgesprochen hat, und nur so wird es möglich sein, einen anderen Sinn herauszudeuten.

Ueberdies finden sich aber auch fast in allen katholischen Ordensregeln zur Beruhigung ängstlicher Gewissen ähnliche Bestimmungen, so daß ein Katholik, der nur einigermaßen das Ordensleben kennt, über die wahre Bedeutung dieses Kapitels keinen Augenblick zweifelhaft sein kann. Alle Sätze dieses Kapitels enthalten ganz bekannte, vielfach in Ordensregeln und in den Erklärungen derselben wiederholte Gründe, weßhalb die Ordensregeln keine Pflicht auflegen, deren Uebertretung Sünde wäre. Die ganze Motivirung dieses Kapitels ist jedem Katholiken, der Ordensregeln kennt, vollkommen bekannt und zweifellos, sie hat nur dann ihren in der Kirche gebräuchlichen Sinn, wenn die Worte »obligatio ad peccatum« Verpflichtung unter, bei einer Sünde und nicht Verpflichtung zu einer Sünde bedeuten.

Es möge gestattet sein, zum Ueberfluß auch noch darauf aufmerksam zu machen, daß in einer officiellen Prager Ausgabe des Institutum Societatis Jesu vom Jahre 1757 der Inhalt dieses V. Kapitels im Index mit den Worten angegeben wird: Constitutiones non obligant sub peccato (p. 6. c. 5. p. 414.) — „die Constitutionen verpflichten nicht unter (bei) einer Sünde." Das ist ein evidenter Beweis, daß die Jesuiten selbst, für deren Gebrauch diese Ausgabe bestimmt war, die obligatio ad peccatum nur in dem Sinne: obligatio sub peccato verstanden haben.

Weil aber der wahre Sinn dieser Worte nach Allem, was ich bisher gesagt habe, so unbestreitbar und so vollkommen klar ist, deßhalb haben auch meines Wissens die Gegner des Jesuitenordens innerhalb der katholischen Kirche nie die Anklage gegen sie erhoben, daß der Gehorsam sie zu einer Sünde verpflichte. Sie kannten die Kirche zu gut, um eine solche Mißdeutung zu wagen. Selbst die Wuth der Jansenisten gegen die Jesuiten ist nicht so weit gegangen. Der Vorwurf beruht vielmehr auf einem Irrthum einzelner protestantischen Gelehrten und hat seinen naheliegenden Grund in ihrem Mangel an Vertrautheit mit dem kirchlichen Sprachgebrauche und in ihren Vorurtheilen gegen den Jesuitenorden und die katholische Kirche überhaupt.

Alles das, was ich nun über die Constitutionen selbst und über die einstimmige Auslegung derselben von katholischer Seite in meinem ergebenen Schreiben vom 1. December gesagt und jetzt eingehender gewürdigt habe, wird in dem Artikel der „Darmstädter Zeitung", welcher eine officielle Erwiederung auf jenes Schreiben sein soll, fast gänzlich ignorirt und die ganze Streitfrage lediglich an der Hand protestantischer Autoren erörtert. Schon das ist — ich wiederhole es — nicht der Billigkeit entsprechend. Nach dem alten deutschen Grundsatze: „Eines Mannes Rede ist keine Rede" darf diese Angelegenheit, bei der es sich darum handelt, ob die Ehre der katholischen Kirche mit Unrecht, wenn auch ohne Absicht, angetastet ist, nicht entschieden werden, ohne auch die katholische Gegenrede zu hören. Es ist nicht berechtigt, einem einzelnen Satze der Constitutionen des Jesuitenordens ohne Rücksicht auf das, was die Constitutionen selbst über den wahren Sinn desselben sagen, ohne Rücksicht darauf, wie innerhalb der katholischen Kirche der Satz verstanden wird, lediglich nach der Interpretation einiger protestantischer Schriftsteller öffentlich und vor dem ganzen Lande eine Deutung zu geben, welche eine so schmerzliche und sittlich kränkende Anklage enthält. Ich hätte gewiß mit Recht erwarten dürfen, daß meine Einwendungen gebührende Berücksichtigung finden würden.

Wenn ich aber auch hiervon gänzlich absehe und lediglich das in Betracht ziehe, was protestantische Autoren über die Frage, ob der Gehorsam die Jesuiten zu einer Sünde verpflichten könne, zu

Tage gefördert haben, so berechtigt auch dieses Ergebniß der prote=
stantischen Forschung nicht zu jener officiellen Erklärung, welche den
Gegenstand meiner ganz ergebenen Reklamation bildet. Die Deu=
tung der Worte: obligatio ad peccatum in dem Sinne einer Ver=
pflichtung zur Sünde hat eine kurze Geschichte. Sie tauchte
meines Wissens zuerst in den zwanziger Jahren unseres Jahrhun=
derts auf. Sie soll zuerst von dem Protestanten Ritter von
Lang in seiner „Geschichte der Jesuiten in Baiern,“ Nürnberg 1819,
aufgestellt, dann im Jahr 1820 in einem bei Brockhaus erschienenen
„Katechismus der Jesuiten“ wiederholt sein und sich dann von dort
weiter verbreitet haben. Seitdem hat aber der Wahrheitssinn pro=
testantischer Gelehrten mehr und mehr die Unrichtigkeit jener Deu=
tung zugestanden. Diese Umwandlung des Urtheils hat sich all=
mälig, aber stetig in der Richtung zur Wahrheit hin vollzogen.

Ranke, welcher in der 1. Aufl. seines Werkes „Geschichte
der Päpste“ ganz dem Mißverständnisse huldigte, hat in späteren
Auflagen sein Urtheil wesentlich modificirt. Er gibt in der letzten
6. Auflage, nach dem eigenen Citate der „Darmstädter Zeitung“
ausdrücklich zu, daß die Meinung der Constitutionen in
der That nicht dahin gehe, daß der Superior eine
Sünde zulassen könnte. Wenn die oben angeführte Stelle
zugleich die Ausdrucksweise der Constitutionen tadelt und ihr vor=
wirft, selbst zu diesem Vorwurf durch die unglückliche Wahl des
Ausdruckes Veranlassung gegeben zu haben, so verändert das nichts
an seinem Zugeständnisse, daß die Verpflichtung zur Sünde keines=
wegs in der Absicht der Constitutionen der Jesuiten liege. Ein
ähnlicher Fortschritt zur richtigen Auffassung scheint auch in Nied=
ner's „Lehrbuch der christlichen Kirchengeschichte“ stattgefunden zu
haben, wenn das Citat aus diesem Werke in der „Darmstädter Zei=
tung“ nach der 1. Aufl., woran wir nicht zweifeln, richtig ist.
Während die 1. Aufl. noch eine Verpflichtung zur Sünde in der
betreffenden Stelle, wenn auch unter gewissen Modificationen finden
will, gibt die von mir angeführte 2. Aufl. zu, daß dieses nicht der
rechte Sinn der Stelle ist, vielmehr »obligare ad peccatum« nach
damals üblichem Sprachgebrauche nicht „Verpflichtung zur Sünde“
bezeichnete, sondern „einen Grad der Verbindlichkeit einer
Vorschrift, welcher hinanreicht bis zu an deren Nichtbeobach=
tung sich knüpfender Sündenschuld.“ Bei dieser Sachlage
ist es unbegreiflich, wie die „Darmstädter Zeitung“ nur die Stelle
aus der 1. Aufl. mit dem ungünstigen Urtheile weitläufig citiren

konnte und dagegen die Berichtigung in der 2. Aufl., auf welche ich mich bezogen hatte, mit der einfachen Bemerkung abthun konnte, daß ihr die 2. Aufl. nicht zu Gebote gestanden habe. Dieses Verfahren scheint mir in der That nicht der nothwendigen Gerechtigkeit einer officiellen Entgegnung zu entsprechen. Aehnlich ist es auch mit Reuchlin, welcher seine frühere Auffassung in „Pascal's Leben" 1840, S. 110 Anm., mit dem Zusatze zurücknahm, daß nur die Exegese eines berühmten Historikers ihn früher vermocht habe, der Stelle einen falschen Sinn zu geben. Selbst der Artikel von Jordan in der 1. Aufl. des Staatslexikon von Rotteck und Welcker, der diesen Vorwurf in der heftigsten Weise enthielt, ist später durch einen anderen ersetzt worden, in welchem trotz zahlreicher ungerechter Vorwürfe gegen den Jesuitenorden doch von diesem, der Verpflichtung zu einer Sünde, nicht mehr die Rede ist.

Wie sehr auf protestantischem Gebiete hinsichtlich unserer Frage die richtige Erkenntniß sich Bahn gebrochen, geht zur Genüge daraus hervor, daß der officielle Artikel der „Darmstädter Zeitung" nicht einen einzigen protestantischen Autor anführen konnte, der jetzt noch die fragliche Stelle der Constitutionen in dem Sinne einer Verpflichtung zur Sünde deutet. Selbst der den Jesuiten ungünstigste Weicker erkennt in der citirten Stelle an:

„Die Verpflichtung zum Gehorsam gegen die Oberen sogar bis zur Vollziehung einer Sünde ist zwar nicht in dem Wortlaute Einer Stelle, wohl aber in dem übereinstimmenden Inhalte vieler Stellen der Jesuitischen Ordensgesetze enthalten."

Er gesteht also gleichfalls zu, daß aus jener Stelle diese Anklage nicht gefolgert werden könne. Was aber seine Behauptung betrifft, daß aus dem Zusammenhange vieler Stellen in den Constitutionen diese Verpflichtung sich ergebe, so ist das gerade Gegentheil wahr, wie ich oben bei Erklärung des Kap. I. des VI. Theiles der Constitutionen evident nachgewiesen habe. Der Protestant Dr. Georg Eduard Steitz, welcher diese Streitfrage Weicker gegenüber in den „Jahrbüchern der deutschen Theologie" 1864, S. 148—164 ganz erschöpfend behandelt hat, sagt in dem 1. Supplementband der „Realencyklopädie für protestantische Theologie und Kirche", herausgegeben von Dr. Herzog 1865 u. d. W. „Jesuiten" in Bezug auf jene Abhandlung gegen Weicker:

„Es ist darin gegen Weicker (das Schulwesen der Jesuiten nach den Ordensgesetzen, Halle 1863, S. 282—288) quellenmäßig nachgewiesen: 1) daß die betreffende Constitution in der Tertiarier-

regel des Franz von Assisi Kap. 20 und dem Prologe der Domini=
canerconstitutionen Kap. 4—6 nachgebildet ist; 2) daß der Ausdruck
obligare ad peccatum, ad culpam, ad poenam taxatam nicht bloß
in diesen Ordensgesetzgebungen vorkommt, sondern durch die ganze
Scholastik in der Besprechung der Verbindlichkeit der Mönchsgelübde
durchläuft (vergl. z. B. Thomas Summ. 2. 2. qu. 186, art. 9);
3) daß die Formeln statutum aut transgressio obligat ad pecca=
tum aut ad poenam (sc. transgressorem) nichts Anders heißen,
als: das Ordensstatut, beziehungsweise die Uebertretung desselben,
verstrickt den Uebertreter desselben in eine Sünde oder in eine Ord=
nungsstrafe; 4) daß der Sinn der jesuitischen Verordnung der ist:
damit dem Gewissen keine übermäßige Beschwerung zugemuthet werde,
so sollen keine Ordensgesetze, mit Ausnahme der vier Ordensgelübde,
eine solche Kraft haben, daß sie den Uebertreter in eine Tod= oder
läßliche Sünde verstricken, es sei denn, daß der Superior den In=
halt eines solchen Ordensstatutes im Namen Christi oder in virtute
obedientiae mit ausdrücklichem Befehle einschärft."

Was der Artikel der „Darmstädter Zeitung" vorbringt, um
den Beweis zu entkräften, welchen Steitz aus der Analogie älterer
Ordensregeln für den wahren Sinn der Jesuitenconstitution führt,
ist thatsächlich unrichtig, da keineswegs bei den bezüglichen Stellen
der älteren Regeln sich immer die Worte transgressio, transgressores vorfinden, sondern vielmehr wiederholt Ausdrücke gebraucht
werden, die ganz mit dem Ausdrucke der Jesuitenconstitution zu=
sammenfallen. Es wird genügen, nur folgende Stellen hier anzu=
führen. In Si. Francisci regula Tertiariorum heißt es c. 20.
(Holsten. III, 42) wörtlich: »Caeterum in praemissis omnibus nullum ad mortalem culpam volumus obligare« was ein vollständiger
Parallelismus ist zu unserer Stelle: visum est, nullas constitutiones
etc. posse obligationem ad peccatum mortale vel veniale inducere.
Die Constitutiones Praedicatorum gebrauchen c. 5 (Holsten. IV. 13.)
die Wendung »Porro praelati non faciant *praecepta obligantia ad
mortale peccatum* in ira exteriori, maxime contra subditos tur-
batos. Der hl. Thomas schreibt 2. 2. qu. 186 a. 9. ad 3: »Sicut
ergo in lege civili non facit semper dignum poena mortis corpo-
ralis transgressio legalis statuti, ita nec in lege Ecclesiae omnes
ordinationes vel publica statuta obligant ad mortale (sc. peccatum)
et similiter nec omnia statuta regulae.« In allen diesen Stellen
geschieht auch nicht die mindeste Erwähnung von transgressio oder
transgressores, sondern die Ausdrücke lauten: constitutiones, prae-

cepta, ordinationes, publica statuta obligant ad mortalem culpam, ad mortale peccatum, ad mortale, und ad culpam gilt völlig synonym mit ad peccatum.

Nicht ohne Interesse ist es, daß selbst das „Allgemeine Handbuch der Freimaurerei", Leipzig, Brockhaus 1865, 2. Bd. S. 58. im Artikel „Jesuitenorden" sagt: „Eigene Meinung muß (im Jesuitenorden) verläugnet werden, so lange man nicht bestimmen kann, daß der Befehl der Oberen eine Sünde in sich schließt."

Das ist das Resultat der protestantischen Wissenschaft. Nun darf ich doch wohl als allgemein zugestanden annehmen, daß bei dieser Sachlage jener Satz der Constitutionen gewiß nicht die Berechtigung gibt, um auf denselben eine Anklage der schwersten Art zu bauen.

Ew. Hochwohlgeboren wollten durch die amtliche Erklärung, der Jesuitenorden lehre, daß die Oberen „nach den Ordensgesetzen im Namen Christi das Begehen einer Tod= oder erläßlichen Sünde befehlen" könnten, einen doppelten Zweck erreichen. Erstens sollte dadurch die Unwissenheit der betreffenden Bewohner von Seligenstadt über die Natur des Jesuitenordens nachgewiesen und zugleich sollten zweitens die tiefen sittlichen Grundlagen des Vorgehens der Reichsgesetzgebung gegen die Jesuiten offenbar gemacht werden. Zu einer so überaus feierlichen und nach allen Seiten hin unbedingten Erklärung waren daher Ew. Hochwohlgeboren auf Grund dieses Satzes der Constitutionen selbst nach der Deutung der protestantischen Autoren nicht berechtigt. Damit fällt aber das hauptsächlichste Argument, welches Ew. Hochwohlgeboren zu dieser Aeußerung bewog, einfach weg, da die officielle Erwiderung in der „Darmstädter Zeitung" ausdrücklich anerkennt, daß jene Aeußerung „zunächst," wenn auch nicht „allein und ausschließlich" auf dieser Stelle beruhe.

Es kömmt also schließlich Alles darauf an, welche andere Gründe Ew. Hochwohlgeboren für jene schwere Anklage noch haben. Sie sind in dem letzten Theile des Artikels der „Darmstädter Zeitung" angedeutet. Dort wird zuerst eine Kraftstelle aus Weicker mitgetheilt über die Pflicht des Jesuiten, dem Oberen willenlos zu gehorchen und in ihm „den Herrn Christum zu erkennen," in ihm „der göttlichen Majestät Ehrfurcht und Gehorsam mit der größten Gewissenhaftigkeit" zu erweisen. Dann wird eine lange Stelle aus Dr. Johannes Huber's Schrift „der Jesuitenorden" citirt, welche Aeußerungen von Jesuiten über die Pflicht des Gehorsams enthält, in denen nebenbei die klaren Worte des Alphons Rodri=

guez vorkommen: „Man darf nie gehorchen, wenn es sich handelt, eine Sünde zu begehen."

Nach diesen Citaten kömmt dann die „Darmstädter Zeitung" zu folgendem Schluß:

„Hält man mit diesen Vorstellungen von dem Inhalte des Gelübdes des Gehorsams für den Jesuiten zusammen, daß die Constit. p. VI. c. 5. von vornherein die Zuwiderhandlung gegen das Gelübde des Gehorsams als Sünde erklärt, so ist allerdings ein Jesuit gegenüber einem Befehle seines Oberen weder in der Lage, prüfen zu dürfen, ob das Befohlene Sünde sei, noch auch in der Lage, einer befohlenen Sünde auszuweichen, da er dann in die Sünde des Ungehorsams verfallen wäre. Bei solchen Vorschriften war es freilich recht überflüssig, noch besonders vorzuschreiben, daß nöthigenfalls der Obere auch die Verpflichtung zu einer Sünde auferlegen dürfe."

In dieser Auffassung ruht nun wieder Alles auf Unkenntniß der einfachsten Elemente katholischer Anschauung, auf hineingetragenen Vorurtheilen und auf gänzlicher Außerachtlassung dessen, was die maßgebenden Constitutionen selbst zum richtigen Verständniß bezüglicher Aeußerungen einzelner Schriftsteller der Jesuiten sagen. Die Constitutionen selbst sind das Grundgesetz bezüglich der Auffassung des Gehorsams seitens der Jesuiten. Dieses Grundgesetz, das ihnen in allen Theilen genau bekannt war, schwebte dem Jesuiten vor Augen, wenn er sich über den Gehorsam in irgend einer Abhandlung äußerte. Aeußerungen, welche sich daher bei Rodriguez und anderen, welche der Artikel citirt, vorfinden, müssen nach diesen bekannten Grundbegriffen der Constitutionen beurtheilt werden, wenn man billig handeln will und wenn man den rechten Sinn der Verfasser sucht. Das umgekehrte Verfahren, die ausdrücklichsten Erklärungen der Constitutionen entweder ignoriren oder beliebig umdeuten nach ganz vagen und allgemeinen, zufällig hingeworfenen Sätzen einzelner jesuitischer Schriftsteller, ist ganz unzulässig. Wie irrig hiernach die obige Aeußerung der „Darmstädter Zeitung" ist, läßt sich leicht nachweisen.

Wenn zunächst Weicker in der citirten Stelle zu meinen scheint, darin daß die Jesuiten in ihren Oberen Stellvertreter Christi erkennen, daß sie ihren Befehlen gehorchen um Christi willen, liege etwas Befremdendes, daraus folge, daß man solche Befehle ohne Prüfung ihrer Erlaubtheit vollziehen müsse, so beweist das nur, wie fremd ihm die einfachsten Vorschriften des Evangeliums sind. In dem Briefe des heiligen Apostels Paulus an die Ephesier IV. 5.

befiehlt dieser sogar den Dienstboten: „Gehorchet den leiblichen Her=
ren ..... gleich wie Christo." Aehnliches wiederholt er öfter.
Auf diesem Grundprincip beruht in der katholischen Kirche jeder Ge=
horsam: der Gehorsam der Kinder gegen die Eltern, der Gehorsam
des Unterthanen gegen die weltliche Obrigkeit ꝛc. Dabei ist es
selbstverständlich, daß dies die Pflicht der Prüfung der Erlaubtheit
dessen, was befohlen wird, nie aufhebt, ebensowenig wie der heilige
Paulus damit sagen wollte, daß Dienstboten auch sündhafte Be=
fehle befolgen müßten.

Wenn aber in obigen Worten der „Darmstädter Zeitung" die
Vorstellung sich findet, daß, weil das Ordensgelübde des Gehor=
sams unter einer Sünde verpflichtet, nun auch die Uebertretung
jedes Befehles des Ordensobern eine Uebertretung des Gelübdes
einschließe und daraus folge, daß also selbstverständlich der Jesuit
nie in der Lage sei, „prüfen zu dürfen, ob das Befohlene Sünde
sei," noch auch „einer befohlenen Sünde auszuweichen, da er dann
in die Sünde des Ungehorsams verfallen wäre," so ist hier wieder
Alles mißverstanden und im Widerspruche mit der Wirklichkeit.
Erstens ist es eine völlig unrichtige Ansicht, daß die Uebertretung
jedes einzelnen Befehles des Oberen eine Uebertretung des Gelüb=
des des Gehorsams ist. Dieses Gelübde ist nichts anderes, als der
feierliche Ausdruck des Willens, dem Oberen in allen erlaubten
Dingen gehorsam zu sein. Nur dazu will sich der Ordensmann
verpflichten und nur dazu kann er sich verpflichten. Das Gelübde
als solches wird daher 1) nicht einmal durch jeden Act des Unge=
horsams, selbst wenn er unberechtigt war, gebrochen, sondern nur
durch einen solchen hartnäckigen und anhaltenden Ungehorsam, wel=
cher diesen standhaften Willen des Gehorsams selbst wieder aufhebt;
und 2) wird es um so weniger durch den Ungehorsam gegen einen
unerlaubten Befehl gebrochen, weil das Gelübde sich auf einen sol=
chen weder bezog, noch beziehen konnte. Es ist daher zweitens eine
ebenso unrichtige, als ungeheuerliche Vorstellung, daß das Gelübde
des Gehorsams sich sogar auf unerlaubte Dinge erstrecke. Wer nur
einigermaßen den Geist der Kirche kennt, weiß, daß es nie einem
Katholiken einfallen kann, daß das Gelübde des Gehorsams eine
solche wesentlich unsittliche Bedeutung habe. Der Ordensgehorsam
erstreckt sich also überhaupt, um es nochmals zu wiederholen, nur
auf ganz erlaubte Handlungen, — folglich erstreckt sich auch noth=
wendig das Gelübde des Gehorsams gleichfalls nur auf ganz er=
laubte Handlungen, — und somit ist die Verweigerung des Gehor=

3 *

ſams gegen unerlaubte Befehle weder ein Ungehorſam, noch eine Ver=
letzung des Gelübdes, noch eine Sünde, ſondern ſchlechthin die Er=
füllung einer Pflicht. Die irrige Vorſtellung unſerer Gegner kommt
daher, daß ſie die einfachſten Grundſätze der Kirche nicht kennen.
Es ſchwebt ihnen ſtets, wenn ſie von Gehorſam und Gelübde in der
katholiſchen Kirche hören, wenn ſie hören, wie dieſer Gehorſam hoch=
geſchätzt wird, der Begriff eines abſoluten, unbeſchränkten und deß=
halb u n b e d i n g t e n G e h o r ſ a m s vor. Einen ſolchen kennt
a b e r d i e k a t h o l i ſ c h e K i r c h e k e i n e m M e n ſ c h e n g e g e n ü b e r.
Das iſt eine ganz weſentlich katholiſche, ja chriſtliche Anſchauungs=
und Sprachweiſe. Einen unbedingten Gehorſam kennen wir nur
Gott gegenüber. Allen Menſchen gegenüber ohne Ausnahme iſt da=
gegen unſer Gehorſam, unſere freiwillige Unterwerfung unter den
Willen eines andern, e i n b e d i n g t e r und dieſe bei jedem von einem
Menſchen uns gegebenen Befehle wiederkehrende Bedingung unſeres
Gehorſams lautet: inſofern uns nichts befohlen wird, was gegen das
doppelte Geſetz Gottes verſtößt, das Geſetz Gottes in unſerer Ver=
nunft und das Geſetz Gottes in der Offenbarung. Das ſind Fun=
damentalſätze für die Beurtheilung des Gehorſams innerhalb der
katholiſchen Kirche, welche ſo allgemein anerkannt ſind, daß ſie inner=
halb derſelben von Niemanden beſtritten werden. Sie folgen von ſelbſt
ſchon aus dem einfachen Grundſatze, daß wir dem Menſchen nur
wegen Gott gehorchen und alſo auch nur ſo lange, als das was er
befiehlt, mit Gottes Willen übereinſtimmt.

Dagegen wird nun geſagt, — und das iſt der letzte Grund,
der für die Verpflichtung zu einer Sünde geltend gemacht wird, und
eben ſo nichtig in ſich iſt, als er einen gewiſſen Schein der Berech=
tigung für jene hat, welchen katholiſche Anſchauungen unbekannt
ſind, — daß die Jeſuiten doch ohne allen Zweifel einen b l i n d e n
G e h o r ſ a m, einen Gehorſam mit voller Unterwerfung des Ur=
theiles fordern. Zur Beſtärkung werden dann gewiſſe Vergleiche
über den Gehorſam aus den Jeſuitenconſtitutionen ſelbſt oder an=
deren Schriftſtellern mitgetheilt.

Daraus wird dann die Folgerung gezogen, daß alſo der
Jeſuit überhaupt nicht urtheilen dürfe, ob etwas Befohlenes Sünde
ſei oder nicht, und daß es deßhalb „recht überflüſſig“ geweſen ſei,
„noch beſonders vorzuſchreiben, daß nöthigenfalls der Obere auch
die Verpflichtung zu einer Sünde auferlegen könne.“ So und zwar
ſo bitter ſchließt der officielle Artikel der „Darmſtädter Zeitung.“

Daß faſt alle jene Vergleiche ſich ſchon in den Mönchsregeln der frühesten christlichen Zeiten vorfinden, wird allgemein anerkannt. Selbst Huber citirt zum Beweise dafür die beiden Patriarchen des Mönchswesens, den hl. Basilius († 379) und den hl. Benedict († 543.) „Der erstere,“ sagt er (S. 49), „schrieb vor, daß die Mönche in der Hand ihres Oberen wie die Axt in der Hand des Holzmachers sein müßten, und der letztere forderte den Gehorsam auch in unmöglichen Dingen und zwar den Gehorsam ohne Zögern.“ Er citirt dann auch die Carmeliter, den hl. Franz von Assisi, den hl. Bonaventura, und bemerkt, daß der hl. Ignatius sein Bild vom Leichnam vom hl. Franziskus entlehnt zu haben scheine. Daraus erhält zur Genüge, daß wir es hier mit einer sehr alten christlichen Anschauungsweise zu thun haben und schon daraus ergibt sich, daß diese Ausdrücke doch wohl einen andern Sinn haben müssen, als den namenlos unsittlichen, den man jetzt hineinlegen will.

Wie sehr nun dieses der Fall ist, erhellt nicht nur im Allgemeinen daraus, daß der Grundsatz: der Gehorsam könne nie zu einer Sünde verpflichten, immer und überall wiederkehrt, woraus hinreichend evident ist, daß alle diese Ausdrücke und Vergleiche auch nicht in ihrem absoluten Sinne gedeutet werden dürfen, sondern es erhellt noch ausdrücklich in der authentischsten Weise aus der Jesuitenconstitution selbst, wo unmittelbar vor der Stelle, in welcher der Gehorchende mit einem Leichnam, der sich bewegen, oder mit einem Stabe, der sich gebrauchen läßt, verglichen wird, mit voller Klarheit das Gebiet, wo ein solcher Gehorsam stattfinden darf, und die Grenzen desselben bezeichnet werden.

Die Stelle findet sich wieder in dem oft citirten I. Kapitel des VI. Theiles. Dort sagen die Constitutionen zuerst, der Untergebene solle seinem Urtheile caeca quadam obedientia — „mit einem gewissen blinden Gehorsam“ entsagen. Dann kömmt die früher citirte Stelle, in welcher der hl. Ignatius angibt, wann diese hier gemeinte Art des blinden Gehorsams stattfinden dürfe: et id quidem in omnibus, quae a Superiore disponuntur, ubi definiri non possit (quemadmodum dictum est) aliquod peccati genus intercedere — und zwar (soll das geschehen) in allen Dingen, welche von den Oberen angeordnet werden, wo man nicht, wie bereits gesagt, entscheiden muß, daß irgend etwas Sündhaftes darin liege. Nachdem nun so das Gebiet des Gehorsams begrenzt ist, kommen jene Vergleiche, welche erläutern sollen, wie man eben in solchen Dingen, die gar nichts Sündhaftes an sich haben, die also ganz und gar sittlich erlaubt sind, dem Oberen um Christi

willen gehorsam sein solle. Die Constitutionen sind also weit da=
von entfernt, von einem unbedingten blinden Gehorsam,
bei welchem allerdings ein Urtheil über die Zulässigkeit und sitt=
liche Erlaubtheit der befohlenen Handlung wegfallen würde, zu re=
den, sondern sie haben nur eine caeca quaedam obedientia, einen
Gehorsam, der gewissermaßen blind ist, vor Augen und bestimmen
dann sofort dieses „gewissermaßen" dadurch, daß er sich nur auf
Dinge beziehen dürfe, die nichts Sündhaftes an sich haben.

Das ist denn auch der adäquate Ausdruck für den katholi=
schen Gedanken vom Ordensgehorsam und damit fällt die scheinbare
Härte aller jener Ausdrücke und Vergleiche vollständig weg. Der
Untergebene soll gehorchen um Christi willen, er soll gehorchen in
allen Dingen, die sittlich erlaubt sind und in diesen Dingen soll
er gehorchen caeca quadam obedientia, „mit einer gewissen Art
blinden Gehorsams." Wenn also z. B. der Obere ihm befiehlt,
diese oder jene an sich durchaus erlaubte Arbeit zu verrichten, wenn
er ihm befiehlt, diesen Ort, der ihm lieb geworden ist, zu verlassen
und an einem andern weitentlegenen seinen Aufenthalt zu nehmen,
so soll er caeca quadam obedientia folgen, mit einer Art blinden
Gehorsams; so soll er seinen Wünschen und Annehmlichkeiten ent=
sagen, um dem Befehle seines Oberen um Christi willen zu gehor=
chen; so soll er sich bemühen, diese Entsagung seiner eigenen
Wünsche so weit zu treiben, als ob er gar keinen eigenen Wunsch
hätte. Das bedeutet das Bild des Leichnams, der sich ohne eige=
nes Gefühl bewegen läßt. So, und nicht anders, gehorchen katho=
lische Ordensleute, das ist die Blindheit ihres Gehorsams. So,
und nicht anders, gehorchen die Jesuiten. Wenn ihnen der Befehl
ertheilt wird, um Christi willen ihre Heimath zu verlassen und in
entfernten Welttheilen in den Missionen ihr Leben jeglicher Gefahr
auszusetzen, so gehorchen sie blindlings; wenn ihnen aber von einem
Oberen etwas befohlen würde, was irgendwie sündhaft ist, so wür=
den sie lieber sterben, als dem Befehle gehorchen.

Wenn aber Ew. Hochwohlgeboren in dem sehr geehrten
Schreiben vom 15. December sagen: „Es kann mir nur erfreu=
lich sein, daß Ew. bischöfliche Gnaden mit so viel Entschiedenheit
die Möglichkeit, daß ein Ordensoberer einem Jesuiten die Ver=
pflichtung zu einer Sünde auferlegen könne, perhorresciren. Wenn
gleichwohl der Glaube an diese Möglichkeit in so weitem Umfange
verbreitet ist, so haben sich dieses die Jesuiten offenbar selbst zuzu=
schreiben; denn sie hätten dann deutlicher reden sollen;" so kann

ich die Richtigkeit dieser Bemerkung nicht zugeben und am wenig=
sten in Bezug auf jene Anklage, welche Sie in amtlicher Weise er=
hoben haben. Die Jesuiten haben sich in ihren Constitutionen über
diesen Gegenstand mit möglichster Klarheit ausgesprochen und in=
nerhalb der katholischen Kirche hat darüber nie eine Verschiedenheit
der Meinung bestanden. Dem katholischen Bewußtsein liegt über=
haupt der Gedanke, daß der Gehorsam auf irgend einem Gebiete
des katholischen Lebens zur Sünde verpflichten könnte, so fern, daß
es ihm nicht einmal einfallen kann, sich gegen ähnliche Mißdeutun=
gen verwahren zu müssen. Jene Ansicht hat vielmehr nur in einem
sehr beschränkten Kreise außerhalb der katholischen Kirche Verbrei=
tung gefunden. Dafür sind aber die Jesuiten nicht verantwortlich.
Sie haben ihre Constitutionen für ihre Mitglieder und für die ka=
tholische Kirche geschrieben, wo man über ihren Sinn nicht zweifel=
haft ist. Daß man später in Kreisen, denen alles katholische Leben
gänzlich fremd ist, wo man nur zu geneigt ist, alle katholischen Leh=
ren und Institutionen mit einer vorgefaßten ungünstigen Meinung
zu beurtheilen, sie mißverstehen und mißdeuten würde, konnten sie
nicht vorhersehen. Noch kein Gesetzbuch und keine Verfassung ist
geschrieben worden, deren Bestimmungen nicht mißdeutet werden
könnten. Selbst die heilige Schrift bietet unzählige Stellen, die
mißdeutet worden sind. Das ist nicht die Schuld des Wortes Got=
tes, sondern die Schuld derer, die es nicht im Geiste der Wahrheit
auffassen.

Wenn aber gar die amtliche Erklärung in der „Darmstädter
Zeitung" am Ende sagt: „Daß von solcher Befugniß (nämlich der
Oberen, auch die Verpflichtung zu einer Sünde auflegen zu können)
dann auch reichlicher Gebrauch gemacht worden ist, lehrt die Ge=
schichte des Ordens, wie unter andern in Huber's angeführter Schrift,
z. B. im dritten Kapitel „die kirchlich=politische Wirksamkeit" nach=
gelesen werden kann," so enthält zufällig dieses Kapitel, so einseitig
die ganze Darstellung des Verfassers bezüglich der dort besprochenen
Thatsachen auch sein mag, auch nicht einen einzigen Fall, der mit
einigem Schein hieher bezogen werden könnte. Da aber eine nähere
Begründung dieser Behauptung in dem Artikel gänzlich fehlt, so ist
mir auch die Möglichkeit entzogen, die volle Unrichtigkeit derselben
näher nachzuweisen.

Indem ich nun Ew. Hochwohlgeboren den großen Umfang
dieses Schreibens damit zu entschuldigen bitte, daß es sich hier um
die Zurückweisung eines schweren amtlichen Angriffes gegen die

Ehre eines katholischen Institutes und der katholischen Kirche selbst handelt, fasse ich die Gedanken desselben noch einmal in folgenden Sätzen zusammen:

1. Bei dieser Anklage ist Alles außer Acht gelassen, was die Constitutionen selbst, was die Geschichte und die ganz allgemeine Anschauung der Kirche über den Ordensgehorsam sagen.

2. Kein einziger der in dem Artikel der „Darmstädter Zeitung" citirten protestantischen Schriftsteller hält noch die Behauptung aufrecht, daß in der betreffenden Stelle der Constitutionen die Verpflichtung zur Sünde enthalten sei. Damit fällt das Hauptargument, welches Ew. Hochwohlgeboren nach dem Geständniß des officiellen Artikels selbst für diese Behauptung hatten, vollständig weg.

3. Es bleiben dann zur Begründung jener unermeßlich schweren Anklage nur noch einzelne Worte übrig, welchen man den Sinn eines so gedankenlosen Gehorsams, der selbst das Urtheil über die Sündhaftigkeit des Befohlenen ausschließt, geben will. Eine nähere Prüfung ergibt aber, daß die Constitutionen selbst und ein Gebrauch dieser Worte, welcher in die frühesten christlichen Jahrhunderte hinaufreicht, diese Mißdeutung gänzlich ausschließen.

Ich glaube daher mit allem Rechte sagen zu dürfen, daß Ew. Hochwohlgeboren nicht in der Lage sein werden, auch nur einen einzigen stichhaltigen Grund für Ihre schwere öffentliche und amtliche Anklage anzuführen. Selbst das sachverständige Gutachten des ordentlichen Professors der lateinischen Philologie auf der Landesuniversität, welches in dem Artikel der „Darmstädter Zeitung" mitgetheilt ist, ist vom rein philologischen Standpunkt aus ein irriges, wie ich aus der Anlage gütigst zu ersehen bitte. Ich appellire daher noch einmal an Ew. Hochwohlgeboren Gerechtigkeitssinn, auf den die Katholiken des Großherzogthums, welche die Ehre ihrer kirchlichen Institute hochachten, einen berechtigten Anspruch machen, und bitte wiederholt Ew. Hochwohlgeboren diese Anklage nach erneuter Prüfung zu berichtigen. Wenn Hochdieselben sich nicht veranlaßt sehen sollten, dieser ergebensten Bitte zu entsprechen, so füge ich die weitere bei, diese meine Antwort auf die Auslassungen der „Darmstädter Zeitung" derselben gleichfalls zur Veröffentlichung zu übergeben.

Zugleich bitte ich 2c.

† Wilhelm Emmanuel,
Bischof von Mainz.

Mainz, 23. Dezember 1873.

V.

Einige Bemerkungen zu dem philologischen Gutachten, welches in Nr. 350 der „Darmstädter Zeitung" vom 18. Dezember d. J. mitgetheilt wird.

In der Uebersetzung und dem sachverständigen Gutachten, wel=
ches der ordentliche Professor der lateinischen Philologie auf der
Landesuniversität von dem cap. V. part. VI. der Jesuitenconstitu=
tionen gegeben hat, (vgl. die oben angeführte „Darmst. Ztg.") finden
sich von philologischem Gesichtspunkte folgende Versehen und Un=
richtigkeiten.

I. Die Uebersetzung der Worte im ersten Gliede der Periode:
„*nihil ulla in re declinando*," welche lautet: „so daß nichts in
irgend einem Punkte verweigert werden darf," ist un=
richtig. Declinare bedeutet niemals verweigern, sondern: abbiegen,
abweichen von der graden Linie oder Richtung, und muß daher auch
im tropischen Sinne durch: aus dem Wege gehen, ausweichen, ver=
meiden, z. B. proelium (Liv.), abwenden (ictum). wiedergegeben wer=
den. Hier kann die betreffende Phrase in deutscher Sprache nur
heißen: „ohne alle Abweichung in irgend einem Punkte" („ohne in
irgend einem Punkte etwas davon abzuweichen"). Die Worte: »nihil
ulla in re declinando« sind wie: »omnino juxta nostrum institutum«,
jene in negativer, diese in positiver Form ausgedrückte Modification
des Begriffes observari und wollen sagen, die Regeln sollen so ganz
und gar unserem Institute gemäß beobachtet werden, daß gar keine
Abweichung (von denselben) in irgend einem Punkte vorkomme.
Selbst für den Fall, daß declinare bedeuten könnte: verweigern,
wäre dieser Begriff hier schon darum völlig unzulässig, weil durch=
aus keine Person genannt, oder auch nur angedeutet ist, welcher man
nichts verweigern dürfe.

II. Ebenso unhaltbar ist die Wiedergabe der Worte: *loco
timoris offensae* durch „an Stelle der Furcht vor einem
Vergehen." Offensa, was niemals „Vergehen," sondern „An=

stoß," „Verstoß," „Beleidigung" heißt, kann an dieser Stelle nur bedeuten: entweder einen Verstoß gegen die Constitutionen u. s. w. oder, wie die parallelen Worte laqueus ullius peccati = timor offensae und namentlich der unmittelbar folgende Gegensatz: »amor et desiderium omnis perfectionis« es unwiderleglich beweisen, einen Verstoß, eine Beleidigung gegen Gott. Sonach muß es an dieser Stelle die Furcht vor einer Beleidigung Gottes sein, welche aus dem Verstoße gegen eine Ordensregel sich ergeben könnte (peccatum, quod ex vi constitutionum hujusmodi aut ordinationum proveniat.) Damit fällt denn auch die ganze, nur auf diesem irrthümlichen Ausdrucke „Vergehen" beruhende Schlußfolgerung des Artikels selbst in sich zusammen und dies um so mehr, da es sich gar nicht handelt um Furcht vor einem Vergehen, „das durch den Befehl des Oberen veranlaßt würde," sondern um die Furcht vor einer Beleidigung Gottes, welche man durch jede gewöhnliche Uebertretung der Regeln zu begehen befürchte. Es ist offenbar aus der ganzen Anlage der Periode, daß die Worte: »et loco timoris offensae etc.« als Schlußglied zurückgreifen auf den in den beiden Vordersätzen, namentlich im zweiten Vordersatze angegebenen Zweck des Kapitels, die Gewissen zu beruhigen (optet suos omnes *securos* esse vel certe adjuvari, ne in *laqueum* ullius *peccati incidant;* darüber, ob die Ordensregeln unter Sünde zu ihrer Beobachtung verpflichten, ob die Kraft und Verbindlichkeit (vis) derselben so groß sei, daß ihre Uebertretung jedesmal eine Sünde wäre. Nach der Deduction in dem Artikel der „Darmst. Ztg." müßte es im Kapitel etwa lauten: ne in laqueum ullius peccati, quod ex praecepto Superioris (in nomine D. N. J. C., vel in virtute obedientiae dato) proveniat, incidant. Das wäre aber etwas ganz anderes, als was die klaren Worte selbst aussprechen. Sie kennen nur die Furcht vor einer Beleidigung Gottes und den Fallstrick irgend einer Sünde, welche aus der Verbindlichkeit der Constitutionen oder Anordnungen (Lebensordnung) folgen könnte für eine jede Uebertretung derselben.

III. Wenn nun, um andere Mängel in der Uebersetzung unberücksichtigt zu lassen, das Gutachten behauptet: „Dieser Sprachgebrauch (wonach der Satz: »nullas constitutiones posse obligationem ad peccatum inducere« — heißen soll: die Constitutionen verpflichten nicht so, daß ihre Unterlassung (?) eine Sünde wäre) ist aber in jedem Latein unmöglich; obligatio ad — wird niemals Verpflichtung bei . . . . , sondern stets nur Verpflichtung zu . . . . bedeuten können;" und wenn nun gar der amtliche Artifel selbst auch noch betheuert, daß der Ausdruck »obligationem ad peccatum mortale vel veniale inducere« nach dem Latein, welches in unsern Schulen gelehrt wird, nicht anders verstanden werden konnte, als Verpflichtung zu einer Tod- oder erläßlichen Sünde herbeiführen": so muß man zunächst seine Verwunderung darüber ausdrücken, daß obligatio *ad* (sc. peccatum) nach dem Latein unserer Schulen, oder gar nach jedem Latein als Verpflichtung zur Sünde verstanden werden müsse. In guter Latinität hat obligare oder obligatio sein Object, „wozu" verpflichten, niemals mit ad nach sich, vielmehr muß man beim Verbum construiren: obligare aliquem alicui rei, oder obligare aliquem ut. So schreibt Cicero de off. I. 11. 36: »Cato ad Pompilium scripsit, ut si filium pateretur in exercitu remanere, secundo eum obligaret militiae sacramento.« Senec. benef. »poenae obligare.« Beim Substantiv obligatio ist also entweder der Genitiv oder gleichfalls ut zu gebrauchen. Der Grund dieser Construction liegt augenscheinlich darin, daß obligatio, obligare auch in metaphorischer Bedeutung die erste eigentliche Idee von „anbinden", „zusammen binden," „umbinden," „ver(p)flechten" mit einem Gegenstande (daher verpflichten) beibehält. Solche Anschauung wird auch aufrecht erhalten, wenn man, wie Sueton es thut, construiren würde obligatio in aliqua re, oder, wie er einmal schreibt, in aliquid. Aber für die Phrase obligatio *ad* oder obligare *ad* („zu etwas") wird man selbst aus dem »thesaurus linguae latinae« von Robert. Stephanus, noch aus den Lexicis von Forcellini, Gessner etc. auch nicht Eine Stelle aus gut lateinischen Autoren anführen können. Daher kennen auch die gewöhnlichsten Schullexica von Georges, Scheller, Kraft, Klotz u. s. w. dieselbe nicht, und in dem Latein, welches in unsern Schulen gelehrt wird, kennt man sie nicht. Sie ist vielmehr ein Barbarismus späterer Zeit.

IV. Der Ausdruck »obligatio ad peccatum« kann, nach Analogie von klassischen lateinischen Wendungen, sehr wohl verstanden werden als Verpflichtung „bei" Sünde, in der Bedeutung: „bis zu," welche auch dieser unserer deutschen Wendung zu Grunde liegt. Forcellini sagt s. v. ad ausdrücklich: *Ad* est etiam pro *usque ad* (sino à) et dicitur de loco, *parte seu mensura* et de tempore und Klotz gleichfalls s. h. v.: „Die Idee der räumlichen Bewegung nach einem Punkte hin liegt auch zu Grunde, wenn das Ziel, bis zu welchem irgend eine Ausdehnung oder Steigerung stattfindet,

mit der Präposition ad bezeichnet wird." Zum Belege wird es hin=
reichen, auf die ganz und gar klassischen Wendungen zu verweisen:
ad assem, bis zum letzten Heller, ad nummum bei Heller und
Pfennig, ad ravim poscere (Plaut.), ad insaniam concupiscere (Cic.),
ad satietatem trucidare (Liv.) Nach dem Vorgange solcher An=
schauungs= und Ausdrucksweise kann demnach »obligatio ad peccatum mortale vel veniale« (worin schon die Apposita mortale,
veniale den Begriff einer Gradation hineinlegen) in guter klassischer
Sprache heißen: Verpflichtung „bei," d. h. „bis" zu einer Tod= oder
läßlichen Sünde. Es bezeichnet nicht das Objekt der obligatio, son=
dern die Steigerung, Intensität des obligare und die ganze
Ausdrucksform ist, ebenso wie im Deutschen, eine Ellipse, denn auch
unser „bei," „unter," „bis zu" Sünde verpflichten, steht für „bei
Vermeidung," „unter Strafe," „bis zur Incurrirung einer Sünde"
verpflichten [1]).

---

1) Nachträglich hat uns der Verfasser dieser „Bemerkungen" noch folgen=
den interessanten Beleg eingesandt für das unter IV. Entwickelte. Er schreibt:
„Wie vollkommen richtig alles das ist, was über obligatio, obligare ad gesagt
wurde, wird endgiltig entschieden durch eine Autorität, der Niemand wider=
sprechen kann. Desiderius Erasmus von Roterdam, dem die Zeitgenossen den
Titel beilegten: »Romani princeps maximus eloquii,« hat ein Buch »Familiaria
colloquia« herausgegeben, von dem er selber sagt, daß er »in gratiam studio-
sorum» die Gegenstände darin so dargestellt habe, daß neben der Erholung auch
„sermonis expoliendi fructus« erreicht werde. Dieses Werk muß damals
ein Lieblingsbuch für die nach klassischer Latinität Begierigen gewesen sein, denn
Erasmus selbst schreibt darüber an seinen Freund, den Kanonikus Botzhem im
Jahre 1524: »miro omnium favore legebatur.« In einem dieser colloquia, das
den Titel führt: »Ἰχθυοφαγία,« ein Zwiegespräch zwischen einem Metzger und
einem Fischhändler, schreibt nun dieser Erste aller damaligen Humanisten: (Opp.
omnia ed. Basil. 1540 t. I. p. 673 sqq.) Lanio: Ais igitur obligare Ponti-
ficum leges omnes, qui sunt in ecclesia? Salsamentarius: Ajo. Lanio:
Ad poenam gehennae? (Bei Strafe der Hölle?) Eine Seite weiter: Lanio:
Num horum (sc. Annae et Caiphae) quavis de re constitutiones obligabant
ad poenam gehennae? . . . An omnia praecepta Dei obligant ad poenam
gehennae? Wiederum eine Seite weiter: Lanio: Quid si conditor legis non
hoc animo ferat legem, ut quemquam obliget ad poenam gehennae, imo
ne ad reatum quidem ullum, sed constitutionem nihilo plus velit habere
ponderis, quam exhortationem? Sals.: O bone, non est in manu conditoris,
quantum obliget lex. Usus est sua potestate ferendo legem, ad quid obliget, aut non obliget id Deo in manu est. . . . Lanio: Paulus, quum dat con-
silium non obligat ad gehennam? Sals.: Nequaquam. Lanio: Cur ita?
Sals. Quia non vult injicere laqueum infirmis« u. s. w. So gebraucht er
kurz darauf noch adstringere ad crimen, ganz im selben Sinne. Die Wen=

V. Ferner ist es vollständig unrichtig, wenn das Gutachten behauptet: daß *ea* auf peccatum mortale vel veniale gehen müsse, sieht wohl jeder Schüler ein; und selbst wenn ea auf eine Vielheit von Femininis bezogen werden könnte..... Zunächst konnte offenbar nur durch einen lapsus oculi eine bloße Vielheit von Femi= ninis entstehen, denn das Subject des Satzes, worauf sich die mit nisi ea beginnende limitirende Proposition bezieht, ist außer der Vielheit von den zwei Femininis: constitutiones, declarationes, auch noch ein drittes Substantiv und zwar ein Masculinum im Singu= lar: ordo ullus. Ein Pronomen, welches sich auf diese Subjecte zurückbeziehen sollte, durfte nur im Neutrum des Plurals stehen (ea), und es wäre ein grammatischer Fehler (eas) zu schreiben. Ja sogar die beiden Feminina allein würden in klassischer Sprache sehr wohl ein ea nach sich gezogen haben (Cic. de fin. 3. 11.): Stultitiam et temeritatem et injustitiam et intemperantiam dicimus esse fu-gienda.

Sollte andererseits ein Pronomen sich auf peccatum mortale, vel veniale beziehen, so wäre zu schreiben: »nisi id,« nach der be= kannten Regel: „Im numero singulari steht das mehreren Subjecten gemeinsame Prädicat, wenn die Subjecte als ein zusammengehören= des Ganzes oder als ein Begriff betrachtet werden" (Ramshorn, Lat. Gramm. §. 93. 2. a.) Hier ist aber offenbar, selbst bei der Ueber= setzung: „Verpflichtung zur Sünde," nur ein zusammengehörendes Ganzes, nur der Eine Begriff des Sündhaften vorhanden, und der absichtlich gewählte Singular *peccatum* widerstrebt zu deutlich der Idee einer Vielheit. Auf das genus nämlich von peccatum kommt es hier an, nicht auf die Species mortale vel veniale.

Im geraden Gegensatze zu dem betreffenden Ausspruche des Gutachtens wird man also sagen müssen, daß das Wort *ea* auf die vorhergenannten *constitutiones. declarationes, ordo ullus vivendi* gehen müsse, aber doch nicht wohl auf das vor=

---

dung obligare ad, verpflichten „unter," „bei," hatte also nicht bloß die Analogie klassischer Formen, sondern auch ausdrücklich die entscheidende Autorität des Erasmus für sich. Sein Buch wurde zu damaliger Zeit vielfach gelesen. Was Wunder also, daß die Jesuitenconstitutionen, welche kurze Zeit nachher verfaßt wurden, sich dieser klassischen Phrase bedienten! Wenn daher der ordentliche Professor der lateinischen Philologie auf der Landesuniversität behauptet, dieser Sprachgebrauch sei „in jedem Latein unmöglich", so dient diese Aeußerung gerade nicht zur Empfehlung seiner Erudition.

her genannte *peccatum mortale vel veniale* bezogen werden kann, sieht wohl jeder Gutunterrichtete ein.

VI. Gegen die Schlußworte des Gutachtens: „selbst wenn ea auf eine Vielheit von Femininis bezogen werden könnte, würde der ganze Zusammenhang der Stelle aufs Lauteste dagegen prote= stiren," wird der kurz analysirte Inhalt und Zweck des Kapitels das unwiderlegliche Zeugniß ablegen, daß sie einen Irrthum und ein Mißverständniß enthalten.

Das ganze Kapitel V. ist eine einzige Periode, die folglich nach dem allgemeinen Grundsatz über die Periode, wie Gramma= tiker und Stylisten ihn aufstellten, auch nur „Einen ausführlich vorgetragenen Gedanken enthalten und alles Frembartige ausschlie= ßen" wird. Die beiden ersten Glieder der Protasis: »Cum exop= tet« . . . und: »optet etiam« tragen nun doch für jeden der Sprache Kundigen den Gedanken vor, daß es einerseits gewiß der Wunsch der Gesellschaft sei, daß alle Ordensgesetze ganz genau und pünktlich beobachtet werden, daß es aber nichts desto weniger andererseits auch der Wunsch der Gesellschaft sei, daß für die Ihrigen bei die= ser gewünschten Beobachtung der Ordens= und Lebensregeln keine Veranlassung gegeben sei zu Gewissensbeängstigungen, Fallstricken, unnöthigen Besorgnissen und Scrupeln, man möchte etwa durch Uebertretung der Regel in irgend eine Sünde fallen.

Die Apodosis beginnt dann mit: »visum est« und gibt an, was die Gesellschaft (resp. die Congregation derselben) gethan habe, um beide Absichten zu erreichen. Um das zweite zu erzielen, die Beruhigung der Gewissen, bestimmt sie, daß keine Constitution, De= claration, noch irgend eine Lebensordnung aus sich allein bei Sünde verpflichte. Das Erstere wird durch die mit »nisi ea Superior« bei= gefügte Limitation der vorhererlassenen Bestimmung gewahrt, wo= nach nöthigenfalls der Superior die Regeln unter einer Sünde an= befehlen kann, jedoch nur in Fällen, wann und wo eine solche Ver= schärfung und Auflegung größerer Verpflichtung fürs besondere Wohl des Einzelnen oder der Gesammtheit vielen Nutzen bringen würde. Mit dem Schlußgliede: »et loco timoris« wird endlich zurückgegriffen auf den ganzen Zweck des Kapitels, indem die hohen Motive her= vorgehoben werden, warum man alle Ordensregeln genau und pünkt= lich beobachten solle. Beweggrund dazu soll nicht die Furcht sein durch ihre Uebertretung sich einer Sünde schuldig zu machen, son= dern die Liebe und das Verlangen nach aller Vollkommenheit und

(die Liebe und das Verlangen), daß so die größere Ehre und das
Lob Christi unsers Schöpfers und Herrn erreicht werde.

Aus diesen in möglichster Kürze gemachten Bemerkungen er=
hellt zur Genüge, daß die Uebersetzung, welche der ordentliche Pro=
fessor der lateinischen Philologie auf der Landesuniversität von cap.
V. part. 6. des »Institutum Societatis Jesu« geliefert hat, an erheb=
lichen Unrichtigkeiten leidet, sein beigefügtes Gutachten aber in
allen Theilen gegen die Principien guter Latinität verstößt.